史蒂芬·霍夫曼博士
Stefan G. Hofmann, PhD——著

廖綉玉——譯

社交焦慮 CBT療法

不迴避！找到專屬你的
暴露式練習與實用技巧

CBT for Social Anxiety

Simple Skills for Overcoming Fear and Enjoying People

各界讚譽

「鮮少有書籍像這本佳作一樣,建立在如此堅實的證據基礎上,如果你的目標是真正解決社交焦慮並體驗更豐富的生活,這就是你需要的書。」

——陶德‧凱希丹博士(Todd B. Kashdan)

《不服從的藝術》作者、

美國喬治梅森大學心理學教授兼幸福實驗室主任

「如果你受到社交焦慮所苦,並且在尋找一本易懂、務實又有效的自助書籍,那麼史蒂芬‧霍夫曼的《社交焦慮CBT療法》正好適合你。本書以數十年的研究為基礎,由該領域舉足輕重的專家撰寫,對於尋求學習已證實的技術,以理解和克服社交情境焦慮的人來說,這是必備之書。」

——大衛‧莫什科維奇博士(David A. Moscovitch)

加拿大安大略省註冊心理學家、加拿大滑鐵盧大學心理學教授

「社交焦慮是讓人衰弱的痛苦疾病，影響了許多人，其中一些人太害羞而不敢接受治療。史蒂芬・霍夫曼的新書是給這些人的禮物。本書透過易讀又迷人的方式，融合先進研究及古老智慧，充滿了吸引人的現實生活案例。我可以想像許多人會閱讀這本書尋求見解、建議和靈感。」

——伊娃・吉爾博亞・謝赫曼（Eva Gilboa-Schechman）

以色列巴伊蘭大學心理學教授

「一本引人入勝的書，為克服社交焦慮提供清晰的道路。霍夫曼提供有益的例證、案例和活動，幫助人們理解並減少社交恐懼，社交焦慮症患者的家人與朋友，也將從閱讀這本綜合指南而受益。」

——林恩・奧爾登博士（Lynn E. Alden）

加拿大英屬哥倫比亞大學教授兼臨床心理學家

「這本佳作匯集霍夫曼關於社交焦慮症的豐富科學知識,以及他的熱情與慈愛,可直接提醒所有遭受該普遍問題困擾的人。本書有實用的技巧與策略、基於經驗的例子、清晰易讀的寫作方式,對所有認真控制社交焦慮的人來說非常重要。」

——羅納德・瑞皮博士(Ronald M. Rapee)

澳洲麥覺理大學特聘心理學教授、

《克服害羞與社交恐懼症》

(*Overcoming Shyness and Social Phobia*)作者

「史蒂芬・霍夫曼是治療社交焦慮的先驅,他為我們提供迷人且鼓舞人心的一套工具及實踐方式,並且已被證明有益。無論是受到社交焦慮困擾、社交焦慮症患者的同居人,或者正在治療社交焦慮的人,本書都是必讀之作。」

——莫瑞・史丹醫學博士(Murray B. Stein)

公共衛生碩士、加拿大皇家內外科醫學院院士、

美國加州大學聖地牙哥分校精神病學暨公共衛生特聘教授

給我的兒子，

班傑明與盧卡斯。

目錄

推薦序 —— 010

引言 —— 015

第一章｜社交焦慮是什麼？ —— 027

第二章｜為何社交焦慮會不斷持續？ —— 075

第三章｜暴露是關鍵 —— 115

第四章｜辨認與改正思維錯誤 —— 147

第五章｜面對社交事故 —— 189

第六章｜接納自己 —— 215

第七章｜降低你的激發狀態 —— 241

第八章｜改善你的社交技巧 —— 265

後記 —— 277

附錄｜社交焦慮的藥物治療 —— 280

參考資料 —— 285

本書圖表

圖1：社交焦慮的三個要素 —— 060

圖2：社交焦慮症的持續 —— 080

圖3：焦慮與迴避的惡性循環 —— 121

圖4：伴隨迴避的焦慮之時間進程 —— 127

圖5：不迴避的焦慮之時間進程 —— 129

圖6：反覆接觸相同情境後的焦慮程度 —— 135

圖7：莎拉害怕在家長教師會會議上演講的原因 —— 197

圖8：如果你與博物館的青銅雕像交談，
別人會如何反應？ —— 205

圖9：自我關注在社交焦慮中的作用 —— 219

表1｜莎拉的恐懼與迴避等級 —— 058

表2｜莎拉最常見的迴避策略 —— 124

表3｜暴露及迴避的短期後果與長期後果 —— 137

表4｜對比莎拉的焦慮想法與非焦慮想法 —— 176

表5｜莎拉的災難化思維 —— 184

表6｜喬瑟夫的引發恐懼練習 —— 251

表7｜喬瑟夫反覆暴露於可怕感覺的練習試驗 —— 252

推薦序

　　人性往往充滿矛盾，社交焦慮就是其中一種。我們已經演化到想與別人建立關係，但同時也害怕可能遭到拒絕。我們如何理解這一點？如何克服受到負面評價或被羞辱的恐懼？霍夫曼幫助我們了解自己並不孤單，即使是名人也可能患有社交焦慮症。

　　有13％的人曾在某個時刻患有社交焦慮症，這是人們最常見的心理問題之一。生活的許多層面都會受到這種焦慮影響，包括職業發展、友誼建立與維持，以及尋找伴侶的能力。社交焦慮的限制往往導致憂鬱症，因為人們會覺得效率降低、自我批判增加，而且常常感到絕望，許多人會利用酒精及毒品來應付壓力。

　　史蒂芬・霍夫曼教授是全球焦慮研究領域的權威，他多年的研究計畫幾乎涵蓋人們各個層面的心理困境，其社交焦慮症研究工作可以直接應用，來幫助人們克服這個往往讓人不安且極其常見的問題。

我讀一本書時會自問，這本書將回答什麼問題？以下是你閱讀本書時可以記住的一些問題：為什麼我們有社交焦慮？它有什麼用處？為什麼即使事情看起來沒出錯，社交焦慮卻往往是長期問題？焦慮如何改變？暴露療法如何減輕焦慮，以及為何有時無效？哪些常見的思維錯誤讓我們容易產生社交焦慮，以及該如何改變它們？大家常常擔心人們會認為自己看起來很尷尬，或者聽起來很愚蠢，如果我們測試這一點並故意表現得有點奇怪，到底會發生什麼事？我們如何能更進一步地接納自己，以及現在可以運用什麼技巧開始這個過程？我們如何學會接受伴隨焦慮而來的感覺，而不是認為必須消除任何不自在的感覺？我們如何將慈愛導向自己，以便讓自我關愛取代自我批評？我們可以使用哪些實用的社交技巧，以免有時顯得僵化或過於謹慎？

　　這本優秀的書籍不僅回答了上述問題，還為你提供可用於克服社交焦慮的工具。

　　我與病患打交道時，常常思考這個人因應焦慮與憂鬱是什麼感覺。霍夫曼富有洞察力、聰明且具同情心，

這本實用的書會讓你覺得閱讀時彷彿有人在自己身邊，而且這個人完全理解你正在經歷的事情。當你發現有辦法克服社交焦慮，就會感覺心中升起希望。

　　你不必覺得自己得遵守不切實際的標準、批評自己，或迴避讓你焦慮的情況，甚至害怕不自在的感覺。你可以學會更現實地看待事物，並從「暴露」了解到負面預測幾乎永遠不會發生，事實上，即使負面結果確實發生，你也能處理。你不僅可以學會面對恐懼，還可以培養信心，並變得更有彈性。

　　好消息是，《社交焦慮CBT療法》是優秀的指南，引導你了解社交焦慮症的複雜性，並學習許多已證實的工具，讓自己徹底改變。

　　霍夫曼以當代最先進的演化論、神經科學、行為過程、認知行為療法研究為基礎，引導我們逐步了解，我們經常用來因應焦慮的迴避，只會促成並最終強化負面信念。

　　我在本書發現讓人耳目一新的是，霍夫曼教授能從

不同方法整合工作，而不是只採用一種方法。換句話說，社交焦慮症背後有數個過程發揮作用，忽略其中任何一個過程，都會限制人們可運用療法的有效性。

我們所處的文化似乎強調社交表現，為我們提供全面掌控的標準，但這是不切實際的。無論如何，我們都應該看起來自信、冷靜、鎮定……，如果放棄這些苛刻的標準，會發生什麼事？

大多數人都知道，暴露在讓自己焦慮的情況下，對於克服恐懼很重要，然而，人們有時會說：「我已經做了這些事情，但仍然感到焦慮。」正如霍夫曼所解釋，這是因為我們將自己暴露在引發焦慮的情境後，透過反芻思考與自我批評對自己的經歷做出的詮釋，也是社交焦慮維持下去的主要因素。

我認為那些社交焦慮症患者讀過這本優秀的作品後，會覺得霍夫曼教授直視他們的內心，從他們的角度看待這個可怕的世界。霍夫曼教授就像任何睿智而有天賦的臨床醫生一樣，將帶你走上通往恐懼的道路，並幫

助你克服它，讓你得以奪回生活，本書將為你旅程的每
一步提供協助。

——羅伯特・萊希博士（Robert L. Leahy, Ph.D.）

美國認知療法協會會長、

紐約—長老會醫院威爾康奈爾醫學院心理系臨床心理學教授

引言

　　我們不時會有社交焦慮，包括公開演講、認識陌生人、與權威人物打交道，以及被別人觀察，這些都是讓人感到不自在的常見情況。所有情況都涉及他人，並且都可能引發對別人負面評價的恐懼。你不孤單，對於我們其中一些人來說，這些情況不僅讓人不自在，而且讓人害怕，然後我們可能會想出藉口，來避免發表演講、參加聚會、會見權威人士或在他人面前表演。對另外一些人來說，這種焦慮可能非常嚴重，甚至妨礙生活，在這些情況下，社交焦慮的程度可能已經超過閾值，到達社交焦慮症的程度，社交焦慮症是官方認定的精神疾病（也稱為社交恐懼症）。然而，好消息是，有非常有效的策略可以因應它，本書描述了這些策略。

　　本書將會非常詳細地描述社交焦慮的原因，這些原因不僅僅是假設或意見，而是基於大量研究，我將予以總結。然而，本書不是科學教科書，而是為了那些正苦

於社交焦慮並試圖解決它的讀者而寫。我將在本書把這些以證據為基礎的策略轉化為具體策略，讓你可以用來處理社交焦慮。事實證明，一個非常有效的策略，就是讓自己暴露在你想迴避的情境中。這似乎是悖論，面對恐懼該如何減少恐懼？這個做法有效其實具有非常充分的理由，焦慮的自然反應是迴避，因為焦慮是非常不愉快的經驗，面對它需要勇氣，現在你正展現勇氣。迴避與焦慮密切相關，迴避的短期正面結果是暫時鬆一口氣，但長期的負面後果是生活受到限制，過得不滿意甚至悲慘。

如果你繼續讀下去，保持開放的心態，並有動力克服焦慮，讀完本書就會感覺好一點。研究表明，四分之三的社交焦慮症患者運用這些技巧時，他們的問題將獲得顯著且持久的改善，本書將幫助你擺脫社交焦慮的支配，讓你能過著有意義的幸福生活。

也許這不是你看過的第一本相關書籍，若是如此，無論你之前嘗試過什麼方法，可能效果都不佳。這次將有所不同，請繼續讀下去，我會告訴你原因。

社交焦慮與極度害羞很常見，許多社交情境都會引起我們的不自在感受。對公開演講的恐懼是最常被認定的恐懼，甚至比對死亡的恐懼還普遍。事實上，社交焦慮非常普遍，它似乎是人類的正常反應，以確保我們符合團體的期望，並且不違反社會規範。人類是社會性動物，社會支持對我們的情緒健康至關重要，從古至今，個體在團體中的生存機會更大，這表明社交焦慮具有演化適應能力。

雖然社交焦慮很常見，但它可能變得非常嚴重，導致它從只是讓人不自在到嚴重妨礙生活，例如一些極具才華的人，可能因為無法應對社交表現的要求而從大學輟學，或者他們可能選擇明顯低於自己能力及天賦的職業，只是為了迴避某些情境，上述乃是壞消息。好消息是，對於有這種讓人衰弱的疾病的患者而言，存在著有效的治療方法。

過去十五年，我與同事基於大量研究，開發了非常有效的心理治療方法，用於治療社交焦慮（Hofmann 2007; Hofmann and Otto 2008），這種方法運用認知行

為療法（cognitive behavioral therapy, CBT，一種心理治療），幫助人們辨認與改變負面思考模式，以實現行為與情緒的正面變化，專為社交焦慮症患者量身打造。

儘管許多早期研究以小組形式提供這種治療，但我的朋友烏利‧史丹吉爾（Uli Stangier）及其同事表明，其中一些策略的個體化方法將帶來更好的結果（Stangier et al. 2003）。我們的學術論文（Hofmann 2007）首次描述了該方法，成為引用次數極高的科學文獻論文，並且被發現是對社交焦慮症極有效的心理療法（Hofmann and Otto 2008）之一。評估該方法的許多研究已經產生讓人印象深刻的效果，即使從長遠來看，其成功率也達到70至75％。因此，我們的治療方法被美國心理學會（第十二分會－臨床心理學分會）認定為「以經驗為依據的治療」，本書將透過你能自行使用的方式來描述這種方法。

沒有兩個人完全相同，大家有獨特的經歷與優缺點，因此，沒有單一方法能以相同的方式，來解決所有人的全部問題。有些策略對某些人來說效果很好，而有

些策略則對其他人來說效果更好，通用的方法鮮少帶來成功，然而，這是大多數自助書籍追求的方法。本書不同，你將學習探索並找到適合自己解決特定問題的正確策略，社交焦慮包含各種各樣的問題，有些人害怕社交情境是因為他們非常害羞，有些人則是因為對自己的看法相當負面，還有一些人的自我意識總體上健康，但在特定的社交表現場合感到極度恐懼。本書承認這種異質性，並針對你的特定問題提供正確的策略。

首先，我將描述社交焦慮及恐懼的本質、來源，以及維持原因，然後你將學習控制恐懼和減少焦慮的技巧。建立這個基礎後，你將開發工具來因應社交焦慮的不同層面，這些策略彼此相關，但也可以當成獨立策略加以運用。你就是你的個人問題專家，因此，你處於解決問題的最佳位置，我建議你先閱讀整本書並學習所有策略，然後再回到對你最有效的策略。

第一章描述問題，將為你提供關於社交焦慮的重要資訊與事實、臨床表現、診斷定義（即許多醫生用來判定問題嚴重程度的標準）、盛行率（即在一般人口的常

見程度）、對我們生活的干擾、其演化重要性及生物意義。你將了解到社交焦慮是常見問題，甚至是正常問題，這是讓我們成為人類的一環，如果沒有它，我們這個物種就無法生存。然而，社交焦慮也可能成為問題，當它超過關鍵閾值，甚至會變成精神障礙，然後就讓人感到痛苦、干擾和變得普遍。為了理解這種適應性感受可能變成問題的原因與時間點，我們必須先辨認社交焦慮的不同組成要素，只有這樣，我們才能找到解決問題的方法。

　　第二章檢視了儘管（或者也許是因為）我們每天面臨如此多的社交情境，社交焦慮仍然存在的原因，這些維持因素對於理解克服問題的建議策略，以及人們的社交焦慮為何持續存在的差異至關重要。我將在本書描述的干預措施背後的理論核心是，人們在社交情境感到擔憂，部分原因是他們認為社會標準（即期望與社會目標）很高。他們希望給別人留下特殊印象，同時懷疑自己能否做到這一點，部分是因為他們無法定義目標，並選擇可實現的具體行為策略來實現這些目標。這導致社

交憂慮與自我關注進一步增加，從而引發許多密切相關的認知反應（即思想與信念）。

具體來說，弱勢個體誇大社會事故的可能性與社交情境涉及的潛在社會成本。社交焦慮症患者認為自己陷入表現得無能與讓人難以接受的危險，並相信這將導致災難後果。他們進一步認為自己在社交情境幾乎無法控制焦慮反應，誇大自己的焦慮反應引起別人關注的程度。這些反應彼此密切相關，並與在社交情境負面地看待自己的傾向有關。這些因素受到觸發會加劇社交焦慮，結果這個人將採取迴避和／或安全行為，接著事後反芻思考。這個循環依靠自身持續下去，最終導致問題維持並進一步惡化，針對每個維持因素的策略將在後續章節描述。

第三章介紹被稱為「暴露」的策略（也就是讓自己面對具有威脅的社交情境，藉此測試信念），並解釋它是克服社交焦慮的重要工具之原因。這個重要的章節指出，迴避是焦慮維持的主要原因，對於任何形式的焦慮都是如此，但有社交焦慮的人不是迴避社交情境，而是

迴避充分面對恐懼。因此，迴避策略可能採取許多不同的形式，其中一些也許是非常微妙的行為，為我們帶來安全感，這些安全行為是社交焦慮成為持久問題的重要原因。

我們在第四章討論關於焦慮的想法及思維的本質，這兩種基本的適應不良思維方式，是機率高估（誇大不愉快事件發生的可能性），以及災難化思維（對不愉快的結果小題大作）。你將學習特定的技巧，我稱為「思考工具」，來對抗這些適應不良的思考方式。

第五章介紹一項練習，我發現它是治療社交焦慮極有效的單一策略之一。某種程度上，這項專注於面對社交事故的練習，是許多不同策略的結果與組合。我的經驗是，一旦患者接受它，他們的社交焦慮就會像沙漠豔陽下的冰淇淋般融化消失，這就像開啟阿拉丁神燈，最終釋放了精靈，而精靈將永遠不想再回到神燈裡。

第六章針對有社交焦慮者的其中一個核心問題，即他們作為社會客體的負面扭曲自我意識。透過注意力訓練練習，你將學習如何調整自我關注，並且透過「鏡像

暴露」與「自己的聲音暴露」練習，最終將對真實的自己與外表感到更自在。我還討論了稱為慈愛或梅塔冥想（loving-kindness〔metta〕meditation）的練習，增強你對自己與他人的感情，對於患有嚴重社交焦慮症與憂鬱症的人尤其有益。

第七章描述降低神經系統激發狀態的簡單工具，這樣就不會妨礙使用其他技巧。我們在這一章討論內感受習慣化練習（interoceptive habituation exercise）及放鬆練習。「內感受」一詞是指對身體症狀的體驗與感知，例如心跳加速、呼吸急促、臉紅、雙手發冷等，這些症狀可能非常強烈且讓人痛苦。透過內感受習慣化練習，將學習到當你在社交情境出現這些症狀時，如何變得比較不痛苦。這裡的習慣化一詞，是指一種簡單的學習形式，在此期間，你對刺激的本能反應會隨著重複的呈現而減弱。

在內感受習慣化的情況下，你會反覆出現可怕的身體經驗（如心跳加速），逐漸導致焦慮減少，或者你可以選擇透過漸進式肌肉放鬆（progressive muscle relaxation）

的流行放鬆技巧，來主動降低激發狀態，從而減輕這些症狀的強度。然而，我必須指出的是，這些技巧不應該被用來迴避在社交情境中的恐懼感，相反地，你應該在身體症狀強烈且讓人痛苦，而導致注意力分散並妨礙你暴露於社交情境的能力時使用，請將它們視為必須少用的緊急工具。

第八章討論改善社交技巧的簡單工具，儘管大多數患有極端社交焦慮症的人，都擁有足夠或非常優秀的社交技巧，但有些人確實苦於技巧問題。我在這裡將情境敏感度與靈活度評為社交互動必須考慮的重要層面，社交技巧始終是因地制宜，這意味著我們所需的特定技巧取決於環境與文化等。然後我會檢視一些互動技巧、社交表現、演講技巧，這些技巧可以幫助你因應不同的社交需求。

本書還包括附錄，我會提供一些有關社交焦慮藥物的關鍵資訊，如果你對藥物有疑問，這部分有助於指引你。此外，你可以在本書的網站（http://www.newharbinger.com/51208）上找到書中的一些工作表及一個測

驗，後面附有答案，如此一來，你就可以測試自己從本書學到了多少。（有關更多細節，請參閱本書的最後部分。）

　　本書概述的社交焦慮因應策略非常有效，很有可能在短短數星期內，就看到顯著的結果，因為它們獲得大量臨床研究及臨床實踐支持。一些練習看起來可能很奇怪，但請給它們一個機會並嘗試看看。你沒有什麼好失去的，只有焦慮一直阻礙著你。

　　　　　　　　　　　　　　　　──史蒂芬・霍夫曼博士

　　　　　美國麻薩諸塞州波士頓、德國法蘭克福、

　　　　　　　　麻薩諸塞州鱈魚角及之間

第一章

社交焦慮是什麼？

你即將在觀眾面前演講，感覺心跳加速，全身發熱，滿身是汗，雙手溼冷，大腦飛快運轉，而且全身繃緊。你感受到觀眾的目光，覺得自己非常沒用。這是人間地獄，眼前的場景顯得不真實，就像夢境一樣。

聽起來很熟悉嗎？這是許多人被要求演講時會經歷的情況。儘管社交焦慮很常見，但不限於發生在公開演講或其他社交表現場合，許多人在宴會或聚餐、被介紹給他人認識、出去約會或與人通話時都有類似的感受。這些情況的共同特徵是涉及他人，許多其他情況也會引發社交焦慮，有時這種體驗與前述情況截然不同，由於各種原因，這些社交情境讓人不自在並感到痛苦。你可能不喜歡成為眾人關注的焦點，不喜歡別人觀察你，不喜歡在別人面前表現，也不喜歡遭受評判或者感覺自己正被批評。

沒有人喜歡獲得負面評價，也鮮少有人喜歡被觀察，或者成為他人關注的焦點。因此，有時人們在社交情境中感到有些焦慮很正常，沒什麼好擔心的。事實上，如果有時你沒感到一些社交焦慮，反而不正常了。

人們在工作或家庭聚會時發言，或者高中課堂報告時，感到緊張是很正常的，幾乎每個人在初次約會或工作面試時都會緊張不安，在那些可能評價你的人面前感到焦慮很常見。當社交焦慮過於極端並開始妨礙生活時，例如社交焦慮症，問題就開始出現。我將在本章描述社交焦慮的許多層面，並探討這個疾病的臨床特徵，接著對社交焦慮的研究展開簡要易懂的回顧，包括生物學及社會／文化基礎，本章還包括簡短的自我評估，以確定你的社交焦慮程度。

我經常使用「恐懼」與「焦慮」兩個術語，它們的差異並非總是非常清楚，甚至專家也可能互換使用。為了符合需求，我們將「恐懼」定義為人們面對讓人恐懼的情況（例如社交情境）時經歷的情緒反應，這是更直接且不由自主的反應。另一方面，「焦慮」關乎人們預期威脅事件，擔憂並規劃即將到來的社交活動時的感受及想法。

社交焦慮很常見

　　喜劇演員傑瑞・史菲德（Jerry Seinfeld）曾指出，人們最大的恐懼是公開演講，第二大恐懼才是死亡，他的結論是如果你必須參加葬禮，或許你寧可躺在棺材裡，而不是致悼詞！他的觀點有理有據，社交焦慮是非常普遍甚至「正常」的經驗。人們可能會驚訝地發現，即使習慣鎂光燈的人也有社交焦慮的經歷，以下是一些例子。

愛黛兒（Adele）

　　2011年4月11日，《滾石》（*Rolling Stone*）雜誌刊登關於流行歌手兼詞曲作家愛黛兒的文章，她透露了以下內容：「我全身發抖……我害怕觀眾……我害怕極了。我在阿姆斯特丹的某場演出太緊張，導致我從緊急出口逃了出來。我已經嘔吐好幾次，到了布魯塞爾後，我對著某人噴射般地嘔吐，我只能忍著，但我不喜歡巡迴演出，我非常焦慮不安……直到下臺後，我的神經才真正平靜下來。」

唐尼・奧斯蒙（**Donny Osmond**）

唐尼・奧斯蒙是1960年代奧斯蒙樂團的主唱，1970年代初期推出一系列熱門的個人單曲後，成為青少年明星，然後1980年代末期推出一首熱門歌曲復出。1999年5月17日，奧斯蒙接受《時人》（*People*）雜誌採訪時透露：「我一生中對每一次表演都感到有點緊張，但從記事起，我知道無論是在舞臺或是商務會議上，如果我在第一首歌結束時得到掌聲，在講笑話時得到笑聲，我的緊張感就會減輕，但永遠不會消失。1994年左右的某個時候，我開始感到前所未有的焦慮……一旦擔憂自己出糗的恐懼影響了我，我就無法擺脫，彷彿一種奇怪而可怕的不真實感，取代了一切熟悉安全的東西。我陷入極度的恐懼，動彈不得，確信如果我踏出錯誤的一步就會真的死掉，更可怕的是，死亡會讓我覺得鬆一口氣。我愈努力記住歌詞，就愈難記住它們，我能盡力做到的事就是不要昏倒，勉強熬過整場演出，反覆告訴自己要保持清醒。這些神經緊張的情況不只與上臺表演有關而已，我記得擔任電視節目《雷吉斯與凱西李現場

秀》共同主持人讓我很緊張，導致前一天整夜沒睡，還沒出場就想吐。還有一次，我為迪士尼動畫長片《大力士》主角配音試鏡時，感到強烈的焦慮，我的表現讓人難堪，我開始懷疑自己是否可以繼續歌唱事業。

芭芭拉·史翠珊（Barbara Streisand）

1967年，美國女演員、歌手暨電影製片人芭芭拉·史翠珊在紐約中央公園一場音樂會上，忘記自己某首歌的歌詞而怯場，因此往後近三十年都避免現場演出。2005年9月22日，她接受採訪時告訴黛安·索耶：「我走不出來……忘記那些歌詞讓我震驚，所以我對此沒有任何幽默感……你知道，我編不出詞……有些表演者忘詞時確實表現得很好，他們總是忘詞，卻以某種方式展現幽默感。我記得我當時對此沒有幽默感，我非常震驚……因為那天晚上，我已經二十七年沒收費唱歌了……我想的是，『上帝啊，我不知道，萬一我又忘詞怎麼辦？』」

這些只是當前與過往名人的一些著名例子，其他還包括歌手卡莉・賽門（Carly Simon）與許多職業運動員，例如棒球運動員史蒂夫・薩克斯（Steve Sax）、麥克・艾維（Mike Ivie）、史蒂夫・布拉斯（Steve Blass）（這是為了美國的運動愛好者）。此處的重點是，即使人們成為大眾目光的中心，並在數千人面前表演而獲得成功人生，他們可能也經歷嚴重的社交焦慮，這種情況極為常見，甚至影響那些每天必須因應社交表現的人。

在美國，每一百人就有約十三人目前或曾經患有社交焦慮症，這個數字被稱為終生盛行率，某種程度上取決於文化。我們發現在美國，相較於非西語裔白人，美洲印地安人的社交焦慮症發生率較高，亞裔、拉美裔、非裔美國人、非裔加勒比海後裔的發生率較低；兒童與青少年的盛行率與成人相當，但似乎隨著年齡增長而下降；女性的發生率略高於男性，女同性戀、男同性戀、雙性戀、跨性別、酷兒的群體成員，也比異性戀者與順性別者（後者指的是性別認同與出生性別相符者）更容易患有社交焦慮症。

讓我們來看看一些非公眾人物，我可以舉出很多例子，每個苦苦掙扎於社交焦慮的人都不同，大家都有獨特的故事，這些故事因各自的社交焦慮而以獨特的方式呈現。我在這裡描述的案例是想像的案例與綜合的案例，典型的社交焦慮症患者不存在。儘管這些獨特的差異存在，但所有例子都面臨該問題可能為生活帶來的掙扎、痛苦和損害。

莎拉

　　莎拉今年三十三歲，她不是名人，一生從未獲得任何重大獎項。然而，如果她得獎，可能會逃避發表獲獎感言，因為她害怕公開演講，公開演講的焦慮一直是她的主要問題。她與丈夫、六歲和八歲的兩名年幼女兒住在中產階級的獨棟屋，孩子出生後，莎拉一直擔任家庭主婦，過去兩年又重回職場，在律師事務所擔任律師助理。莎拉從小學起就一直有社交焦慮，她描述自己與孩子獨處的時間，讓嚴重的社交焦慮有所緩解，但現在她已經回到工作環境，意識到自己終究必須解決社交焦

慮。她尋求治療時，表示必須在職場及社交聚會減少焦慮，也希望這樣一來，能為孩子樹立更好的榜樣。

莎拉熱心且樂於助人，她與公車司機卡爾婚姻幸福，他們結婚超過十年，過著「相當好」的生活。莎拉最大的問題是「終生的社交焦慮症」，她形容自己「徹底社交無能」與「十足的社交失敗者」，她表示面對某些社會評價情境時，例如公開演講，她會恐慌。她將這種感覺描述為強烈的身體症狀，特徵是心跳加速、臉紅、顫抖、口乾舌燥，她表示停止這些症狀的唯一方法是離開這種情境。

她感到非常悲傷、沮喪，因為社交焦慮導致她「錯過一些機會」，例如拒絕數個有吸引力的工作機會。同時，莎拉經常逃避社交情境，因為害怕被羞辱與難堪，如果無法迴避，就會極度痛苦地忍受，並且往往在事件過去很久之後，加以反覆思考。她面臨的其中一個糟糕情況，是到女兒學校參加家長教師會的會議，她希望成為孩子的好榜樣，為她們提供接受良好教育的最佳機會，她擔心自己留下愚蠢無能的印象，並擔心人們對她

做出負面評價，最終影響孩子的教育。

喬瑟夫

　　喬瑟夫二十五歲，正尋求協助，以治療讓他畢生感到衰弱的深切社交焦慮。喬瑟夫避免與別人有任何社交接觸，甚至與父母及其他親戚往來時也覺得拘束。他渴望陪伴，但不願意與人打交道，因為他腦中想的都是被批評或遭到拒絕。他仍然住在父母家，他在這裡長大。他覺得受困與被孤立，希望自己能有工作與感情關係，過著「正常」生活。

　　喬瑟夫九年級時從高中輟學，當時他被要求在全班同學面前報告，為了逃避這項作業，他離家出走，流浪街頭過夜。警察第二天找到他時，父母開始讓他在家自學，從那時起，喬瑟夫就不曾回到學校，也沒有再見過任何同學。儘管家人非常支持與理解，他卻發現自己也很難與他們相處。他的雙親都在德國出生成長，三十多歲時移民美國，他形容父親非常嚴格、跋扈、專制和過度介入，母親個性柔順且迴避衝突。喬瑟夫有兩個姊

姊，他認為二姊是他最好的朋友，每星期會與她通話一次，每次數分鐘。除了社交焦慮之外，喬瑟夫也感到非常沮喪，對各種小事極度擔心。儘管他的吸引力高於平均水準，但他認為自己的外表沒有吸引力，自認沒有社交能力，而且不如別人。由於這些問題，他偶爾會想到自殺，但否認有傷害自己的任何意圖或計畫。

凱莉

　　凱莉是五十歲的非二元性別單身郵政人員，使用代名詞「他們」。他們一直很害羞，覺得自己不夠格並感到沮喪，不記得曾在社交情境中感到自在，即使小學時期必須在一群人面前講話，大腦也會一片空白。他們盡可能避免參加生日派對及其他社交聚會，如果必須參加，也只是安靜坐著。他們在學校裡很安靜，只有在提前寫下答案的情況下，才會在課堂上回答問題，即使如此，他們常常含糊回答或無法清楚說出答案。他們遇到陌生孩子時，總是垂下雙眼，害怕遭到取笑。

　　隨著凱莉長大，在鄰里有了一些玩伴，但從未真正

有「最好」的朋友。除了需要課堂參與的科目之外，他們的成績相當好。在青少年時期，他們對於和其他同學的非正式互動尤其感到焦慮。儘管凱莉想談戀愛，卻擔心被拒絕，所以從來不曾約會或邀請別人出去約會。凱莉上大學後，有一段時間表現出色，後來要在課堂上口頭報告時，就不再去上課，最終輟學。接下來數年裡，凱莉很難找到工作，因為自認無法參加面試，最終找了只需要筆試的一些工作。幾年前，凱莉得到一份郵局的夜班工作，並數度獲得升遷機會，卻予以拒絕，原因是擔心社交壓力。凱莉在職場認識了一些人，但沒有真正的朋友，而且迴避了所有下班後與同事社交的邀請。

凱莉對大多數社交情境感到恐懼，並盡可能迴避，如果無法避開，就會過度準備並經常提前寫好劇本，才知道該說什麼。儘管如此，凱莉面對社交情境時仍極度恐懼，常常監督與觀察自己，往往厭惡自己的無能，根本不認為自己有能力處理這一切。凱莉常常感到強烈的焦慮，其特徵是強烈的生理感覺，例如心跳加速、手掌出汗、顫抖，他們一直試圖服用心律錠（propranolol，

一種 β 受體阻斷劑）控制社交情境造成的焦慮，那相當無效，所以最近醫生建議嘗試帕羅西汀（paroxetine）。然而，凱莉不喜歡服藥。

如同莎拉、喬瑟夫、凱莉，甚至愛黛兒、唐尼·奧斯蒙、芭芭拉·史翠珊等名人，我們大多數人都懂得在社交情境感到焦慮和恐懼的感覺，但它是何時從常見問題變成精神健康疾病呢？這是複雜的問題，尤其是像社交焦慮這種常見問題。

區分焦慮是不愉快的經驗或疾病的重要特徵，是它對人們生活造成妨礙的程度。儘管愛黛兒、唐尼·奧斯蒙、芭芭拉·史翠珊感到焦慮，但他們在公共場合表現得很好。然而，對於像莎拉等人來說，這些情境的社交焦慮程度可能過高，導致嚴重困擾與妨礙他們的生活。這些人做出的重要生命選擇，往往或多或少基於社交焦慮，因此他們可能選擇需要較少社交情境的職業，可能拒絕升遷以避免正式演講，也許保持單身或結婚就為了避免約會，或者過著非常孤立的生活，沒有幾個朋友。

因此，區分正常焦慮和異常焦慮的重要特徵，是主

觀痛苦的程度及其對人們生活的衝擊。我們馬上就會更仔細地探討，如何確定社交焦慮何時是「正常」焦慮，以及何時是過度焦慮，接著將探討社交焦慮持續的原因，並針對這些原因討論具體策略。然而，首先讓我們探討關於社交焦慮的一些演化與科學發現。

為何感到社交焦慮？

有點害羞內向並不是問題。情況恰恰相反，許多著名的政治家，甚至你的一些朋友、同事可能都有點內向，人們有些社交焦慮甚至可能是種魅力。我們似乎對憤怒、批評或社會非難的其他方法很敏感，並且自然地渴望與同儕合得來並被接納。社交焦慮的早期跡象存在於人類的典型發育過程，例如嬰兒出生後的八到九個月在陌生人面前表現出焦慮跡象，這種發展與對母親（或主要照顧者）的依戀不斷增加一致。換句話說，幾乎所有人都經歷過社交焦慮。

因此，某種程度的社交焦慮似乎有其必要且具備適應能力，演化的壓力促進社會合作。團體比缺乏支持的

單一個體更可能生存，團體讓人類能克服驚人的挑戰。團體可以委派責任；在狩獵採集社會，孩子由母親養育，父親採集食物，偶爾也會捕獵無法獨自捕獲的獵物。同樣地，一群狼在狩獵上會比一匹狼更成功。團體提供形成超有機體所需的社會結構，包括蜂窩、鳥群、魚群、人類部落、文化團體，因此成為團體的一分子是生存的演化必然性，社會心理學家稱此為「歸屬需求」。

英國研究人員彼得‧特羅爾（Peter Trower）與保羅‧吉伯特（Paul Gilbert）認為，社交焦慮的演化目的可能是促進複雜社會團體的運作，從而增加每個成員與人類物種的生存可能性（Trower and Gilbert 1989）。根據該理論，獲得食物、性伴侶、個人空間等資源的機會，與較高的社會階級地位有關，因此，團體成員若非競爭階級更高的地位，就是至少嘗試維持目前的地位。這種情況會導致團體成員之間持續不斷的激烈爭鬥，最終可能危及整個團體的生存，除非有適當的管理制度來因應這種趨勢。

特羅爾與吉伯特認為，下屬成員對團體主導成員的社交焦慮與發出服從信號的意願，構成這種管理制度，因為它可以防止或限制團體成員之間的衝突。然而，這在人類演化的早期階段可能是正確的，現在或許就不正確了，一種特徵的功能可能在數千年裡有所變化。儘管如此，社交焦慮在某個時刻可能具有重要的演化生存價值，也許是因為它激發從屬成員的順從行為，並抑制主導成員的侵略行為，這或許讓從屬成員得以繼續是社會團體的一分子，並且接近主導成員。

　　因此，社交焦慮可能是自我保護本能的表現。話說回來，儘管在當時有益處，對現代社會來說，輕則讓人煩惱，最壞的情況是嚴重妨礙健康。如果社交恐懼妨礙我們的生活，就可能成為問題並導致適應不良。後來的研究多多少少支持特羅爾與吉伯特的模型，並進一步顯示患有社交焦慮症的個體，認為社會威脅挑戰了社會連結及其在社會階級的相對地位（Gilboa-Schechtman et al. 2014; Johnson et al. 2021）。

　　目光接觸似乎在人類的社交互動扮演特殊角色，也

許是人類之間最基本的社交接觸形式。瑞典的研究人員阿恩・奧曼（Arne Öhman）、烏爾夫・迪姆伯格（Ulf Dimberg）及其同事認為，有些社交恐懼源於生物學決定的「準備狀態」，使人能輕易地將恐懼與憤怒、批判或拒絕的臉孔聯想在一起（Öhman 1986）。

事實上，憤怒的臉孔與快樂的臉孔會導致不同的生理激發模式，例如皮膚電活動（即皮膚的電活動）指示的結果，即使不焦慮的人也是如此（Dimberg and Öhman 1983; Dimberg et al., 2000）。人們可以透過將臉部照片與讓人不快的刺激（如輕微的電擊）配對，來「學習」如何對臉孔感到害怕，這些情況下發生的學習類型稱為制約（conditioning）。奧曼與同事進行的典型制約實驗中，參與者先看到快樂臉孔、憤怒臉孔和中性臉孔的照片，接著是輕微卻讓人不快的電擊，導致皮膚電活動增加，這是皮膚汗腺發生微妙變化的結果。研究人員發現對臉部與電擊進行數次試驗（即配對呈現）後，單獨呈現臉部照片會引起與電擊相同的皮膚電反應，該學習類型在心理學被稱為「古典制約」，這是一

種原始學習機制。如果在沒有電擊的情況下重複呈現這些照片，皮膚電反應最終會減弱，這種類型的遺忘被稱為消弱（extinction）。

有趣的是，人們對於憤怒臉孔展現的抵抗力，遠遠超過中性或快樂臉孔（Dimberg and Öhman 1983）。出於某種原因，大自然允許我們忘記中性或快樂臉孔，但不希望我們忘記憤怒的臉孔，也許是因為記住憤怒臉孔可以讓我們未來避免受到傷害，從而獲得演化優勢。只有照片上的人直視拍攝對象時，才會看到這種效果，制約典範中，移開目光的憤怒臉孔與快樂臉孔一樣無效（Dimberg and Öhman 1983）。

因此，直接的目光接觸似乎至關重要，一些物種使用類似瞪大的眼睛圖案，保護自己免受掠食者的傷害，例如某些蝴蝶。其他物種直接的目光接觸也非常可怕，例如人類的近親「靈長類動物」。另一方面，避免目光接觸是順從與恐懼的表現，人類對目光接觸的反應，顯然會因情境因素及學習而出現巨大的變化，但它似乎仍然存在。

這一切與社交焦慮有什麼關係？艾薩克‧馬克斯（Isaac Marks）是倫敦莫茲利研究所精神科醫師，也是早期研究社交焦慮症的其中一位科學家，他指出具有社交恐懼（現稱為社交焦慮症）的個體害怕遭到注視，是人類對目光正常敏感程度的誇大版。事實上，研究表明社交焦慮症青少年患者的特徵，是對臉孔的眼部區域十分警覺，尤其是憤怒的臉孔。比起沒有社交焦慮症的青少年，社交焦慮症的青少年患者似乎更容易受到眼部區域吸引（Capriola-Hall et al. 2021）。

然而，人類的目光接觸不完全與憤怒及支配相關，它也與情感和同情心有關，共同點似乎是親近及個人空間減少。不想放棄或減少個人空間的人會認為，目光接觸是威脅，並且感到不自在。事實上，具有極度社交焦慮症的人，甚至在照鏡子時偶爾會避免接觸自己的目光，某種程度上，可以透過眼睛敏感度的類化效應（generalization effect）來解釋（即類似一雙眼睛的兩個相鄰黑色圓圈看著你，可能讓人感到有些不安）。此外，我們知道鏡像暴露（mirror exposure）會導致自我

關注增加，這讓許多社交焦慮的人感到不安，因此，鏡像暴露結合負面的自我認知及自我批評，可能導致一些社交焦慮症患者的焦慮加劇（Hofmann and Heinrichs 2003），我們稍後會再討論這一點。

當社交焦慮變成問題

智人是社會性動物，因為我們能創造社會結構，所以實現其他動物做不到的驚人壯舉。我們強烈渴望形成這樣的社會結構，聚居在城市，並希望與別人待在一起。由於我們有密切的社交接觸，所以當我寫下這些文字時，我們仍在努力遏制新冠病毒。與此同時，我們的社會結構與文化創造了可能讓我們最終擺脫該病毒的科學。如果沒有彼此的支持，這一切都不可能實現。

每當社交焦慮限制你的社會支持，它就會變成問題，而且還是嚴重的問題。當至少有兩個人可以交換資源，而且這種支持的提供者能加強接受者的福祉，社會支持就存在。缺乏這種社會支持的孤獨，是從心臟病到自殺等各種不同問題的重大風險因素之一。如果社交焦

慮阻止人們利用依賴的社會支持系統，它就會成為問題。為了我們的精神健康，這種社會支持系統讓我們能有效調節情緒。

情緒調節是我們控制情緒狀態的能力，也是人類社會化的基本面。我們還是孩童的時候，就學習根據別人的內在狀態而不是外在行為，來回應社交情境。我們學習根據過去的自己來思索現在的自己，並預測未來的自己，這個過程主要受到照顧者對我們的情緒做出的語言與非語言反應、表達及討論情緒方式的影響。往後的人生中，情緒調節透過同儕環境而受到愈來愈大的影響。成年後，我們的人際關係往往反映嬰兒與照顧者的連結，這意味著我們對社會孤立做出負面反應，對社會連結及歸屬做出正面反應。

這些人際因素對情緒調節必不可少，因為情緒調節是在社會情境下發展，並且持續納入一生的社會關係（Hofmann 2014; Hofmann and Doan 2018）。

我們透過別人調節情緒至少有四種不同的方式（Hofmann et al. 2016）：（1）增強我們的正面影響（我

們尋求別人來增加幸福感與快樂感);(2)觀點取替(我們考量別人的情況,以提醒自己不要擔心,因為總有人的情況更糟);(3)安慰(我們尋求別人的安慰與同情);(4)社會榜樣(我們觀察別人,看看他們如何因應特定情況)。社交焦慮會限制我們使用這些重要的人際情緒調節策略,減少支持並導致社會孤立及孤獨。

當社交焦慮變成疾病

社交焦慮症的界定特徵是過度害怕他人的負面評價,當我們成為關注的焦點,並且被要求在別人面前表現,就常常發生這種情況。我們常接觸到其他人,經常成為人們關注的焦點,而且必須頻繁地在別人面前表現。我們都曾在別人面前經歷重要的考試情境,例如口試與公開演講,但我們每天都會遇到這樣的情境,只是規模較小,例如可能必須在人們面前簽字,或者在人們面前數零錢,或者為人們指路、問路等。

直到1980年,隨著美國精神醫學會(APA 1980)的《精神疾病診斷與統計手冊》(*Diagnostic and Statistical*

Manual of Mental Disorders, DSM）第三版出版，社交焦慮症才首次被認為是精神疾病。《精神疾病診斷與統計手冊》的目標是定義與描述所有已知的精神疾病（即精神障礙），社交焦慮症是其中之一。

《精神疾病診斷與統計手冊》列出了鑑別社交焦慮症最重要特徵的一組標準，藉此定義這項疾病，這些標準的最新修訂版於2005年在《精神疾病診斷與統計手冊》第五版（APA 2013）發布。世界衛生組織也出版了一份診斷手冊，目前發布在第十一個修訂版本——《國際疾病分類第十一次修訂本》（*International Classification of Diseases*, ICD-11），其社交焦慮症標準與《精神疾病診斷與統計手冊》第五版的標準非常相似。

以下是《國際疾病分類第十一次修訂本》列出的社交焦慮症診斷標準。[1]

1　International Classification of Diseases, Eleventh Revision (ICD-11), World Health Organization (WHO) 2019/2021 https://icd.who.int/browse11

基本（必需）功能

- 在一種或多種社交情境持續出現明顯且過度的恐懼或焦慮，例如社交互動（像是交談），覺得自己受到觀察時做某事（如在別人面前吃喝），或者在別人面前表現（如發表意見）。

- 擔心自己的行為方式或表現出焦慮症狀，會得到別人的負面評價（例如丟臉與尷尬，導致拒絕或冒犯）。

- 始終迴避或忍受相關的社交情境，並伴隨強烈的恐懼或焦慮。

- 並非暫時的症狀，也就是持續很長一段時間（例如至少數個月）。

- 無法以另一種精神疾病（如懼曠症、身體臆形症、嗅覺牽連障礙）更恰當地解釋這些症狀。

- 這些症狀導致因經歷持續焦慮症狀而嚴重痛苦，或者導致個人、家庭、社會、教育、職業或其他重要功能領域遭受嚴重損害。如果要維持功能運作，只能透過額外的巨大努力。

界定特徵是在一種或多種社交情境，表現出明顯且過度的恐懼或焦慮，一些社交焦慮症患者只害怕某些表現情境（例如公開演講、在餐廳用餐、使用公廁，或在人們觀看時寫作），其他患者則表現出廣泛的恐懼，其中可能包括許多社交場合與互動情境（例如結識陌生人、出門約會，或者拒絕不合理的要求）。一些人描述對於臉紅、出汗或顫抖等身體症狀的擔憂，而不是最初對負面評價的恐懼。

孩童往往會經歷社交焦慮期，例如陌生人焦慮（Stranger anxiety）是非常典型的發展里程碑，因此重要的是不要將正常行為當成疾病。社交焦慮症患者擔心自己的行為方式或表現出焦慮症狀，會得到別人的負面評價，這總是引起強烈的焦慮，接著他們會迴避某些或許多社交情境，或者在面臨巨大痛苦下加以忍受。如同前述，社交焦慮很常見，焦慮程度應該將其與社會規範及文化規範的關係納入考量。儘管如此，這種焦慮並未被視為臨床問題，除非它對人們的生活造成嚴重的痛苦或損害，而不是由於某種物質或其他病況的影響，並且持

續至少六個月。所以，符合社交焦慮症診斷的標準相當高，因為如果社交焦慮是由其他問題引起，則無法確定為社交焦慮症。

最重要的是，只有當一種或多種社交情境幾乎總是導致過度、持續、讓人痛苦或妨礙生活的極度焦慮時，社交焦慮才是（可診斷的）問題。社交焦慮是否真的「過度」並「導致妨礙」，顯然非常主觀且取決於文化，這最終取決於個人定義。

當社交焦慮跨越臨床診斷的門檻，它往往變成削弱力量並造成妨礙的問題。因為社交焦慮，一些人過著與世隔絕的孤獨生活，一些人為了避免社交接觸而選擇遠低於個人能力的職業，一些人服用處方藥為的是在社交情境中感到自在，還有一些人對毒品或酒精產生依賴。研究證實了這一點，最早指出社交焦慮症是嚴重問題的其中一項研究，是由美國哥倫比亞大學的富蘭克林·施奈爾（Franklin Schneier）、麥克·萊博韋茲（Michael Liebowitz）及其同事執行，他們訪談三十二位社交焦慮症患者，檢視社交焦慮症對人們生活的妨礙程度

（Schneier et al. 1994）。這組人與十四名未被診斷為社交焦慮症者做比較，結果顯示社交焦慮症患者幾乎在所有生活層面，都比沒有社交焦慮症的人受到更嚴重的損害，包括教育、就業、家庭、戀愛關係、友誼，超過半數的社交焦慮症患者描述，他們生命的某個階段至少受到中度的損害。最近的研究（如Stein et al. 2000; Wong et al. 2012）發現非常相似的結果，甚至顯示一個人的社交恐懼愈深，他受到損害就愈大（Stein et al. 2000）。

在一項早期的研究中，莫瑞‧史丹與其加拿大同事更具體地檢視公開演講導致的焦慮，對人們生活的影響（Stein et al. 1996），他們想檢視這個很常見的問題，是否對人們的生活造成任何顯著影響。研究者們隨機召集曼尼托巴省溫尼伯（加拿大極寒冷的地方）的四百九十九位居民，詢問當他們被要求在一大群觀眾面前演講時是否感到極度恐懼。多達三分之一的受訪者表示，確實因為公開演講而極度焦慮，進一步的詢問顯示，其中大多數人（90％）在二十歲就出現這種焦慮。四百九十九名受訪者裡，有四十九人（10％）表示，公開演講的焦

慮對他們造成明顯的痛苦，或者妨礙了工作、社交生活或教育。有趣的是，單獨存在的公開演講焦慮（即沒有任何其他社交恐懼）並不常見，只有二十三人表示，僅在公開演講的情況下感到焦慮（5％）。文獻一致發現社交焦慮鮮少僅限於一種情況，例如公開演講，這些表現情況會導致嚴重的痛苦，並妨礙人們的生活。

社交焦慮很普遍

　　一旦定義了問題，我們必須提出的下一個疑問是該問題的普遍程度。研究人員對這個問題的普遍程度感到驚訝，流行病學研究（即檢視一般人群常見精神疾病的研究）顯示，西方文化的社交焦慮症終生盛行率約為人口的13％，這意味著每一百個人就有十三個人，在一生的某個時刻符合或已符合這種疾病的標準。

　　這些數據主要基於哈佛大學流行病學家羅納德・凱斯勒（Ronald Kessler）及其同事的研究工作。在一項研究中，他的團隊訪談了居住在美國三十四個州、一百七十二個郡的八千多人，年齡介於十五歲至五十四歲

（Kessler et al. 1994）。結果顯示，13.3％的美國人至少在一生的某個時刻符合《精神疾病診斷與統計手冊》社交焦慮症的診斷標準，8％的人在訪談的最後一年符合這些標準，這讓社交焦慮症成為美國人口的第三大常見精神疾病，符合診斷標準的女性人數略多於男性。前兩名則是憂鬱症與酗酒問題，而社交焦慮症往往與憂鬱症、酗酒、吸毒相關，可能是人們因社交焦慮症而感到憂鬱，並利用酒精或藥物讓他們在社交情境中感覺更自在。然而，並非所有社交焦慮症患者都會憂鬱、酗酒或吸毒，事實上，只有不到三分之一的社交焦慮症患者出現這類問題。

你只能透過精神健康照護專家徹底的診斷訪談，判定自己是否符合社交焦慮症標準。然而，讓我們看看你與其他人的比較。請針對以下六種社交情境的恐懼程度，從0（完全不害怕）到10（非常害怕）進行評分：

1. 第一次約會
2. 使用電話

3. 被介紹給他人認識

4. 會見權威人士

5. 遭到戲弄

6. 受到別人觀察

　　如果這六種情況的其中四種以上，你評為4分或更高，那麼你的社交焦慮可能屬於廣義亞型（幾乎有30至50％的社交焦慮症患者屬於這一型）。社交焦慮症的廣義亞型是《精神疾病診斷與統計手冊》早期版本的診斷亞型，儘管這種亞型不再是《精神疾病診斷與統計手冊》第五版的一部分，但仍是社交焦慮嚴重程度的重要標誌。

　　如果在0至10分制中，你並未對其中四種以上的情境評為4分或更高，那麼你的社交焦慮要不就是沒那麼極端，要不就是僅限於某種類型的社交情境，例如公開演講，在這種情況下，你仍可能符合社交焦慮症的標準。

　　為了確定哪些情況最容易引起你的恐懼，建立「恐

懼與迴避等級」通常有用。這個表單列出最讓人恐懼的十種情況，排序第一是最讓人恐懼的情況，排序第二則是第二讓人恐懼的情況，依此類推，並依照你的恐懼程度與迴避程度評分。

讓我們用這種等級的具體範例說明。舉莎拉為例，最讓她恐懼的情況是在家長教師會的會議發表演講，儘管她非常害怕這種情況（她在0至100的分數範圍將它評為100分），但不能總是迴避這種情況（她為自己的迴避評為90分），即使參加會議（排名第二）也會讓人非常焦慮（80分）。更仔細地檢視她列出的各種情況時，顯然它們都與正式或非正式的社交互動或報告相關。下頁表1是她的恐懼與迴避等級。

表1 │ 莎拉的恐懼與迴避等級

社交情境	恐懼 (0-100)	迴避 (0-100)
我最害怕的事：在家長教師會的會議發表演講	100	90
我第二害怕的事：參加家長教師會的會議	80	80
我第三害怕的事：與老師談話	80	80
我第四害怕的事：坐在大會議桌旁討論事情	80	60
我第五害怕的事：向受訓者做簡報	80	60
我第六害怕的事：與同事談話	70	70
我第七害怕的事：向新同事自我介紹	70	20
我第八害怕的事：參加宴會	50	60
我第九害怕的事：帶領電話會議	50	10
我第十害怕的事：指派討厭的任務給受訓者	30	10

　　你的恐懼與迴避等級是什麼？了解這點有助於制定我們稍後將討論的干預計畫。請繼續寫下你的個人恐懼與迴避等級，你可以從本書網站下載空白表格：http://www.newharbinger.com/51208。

社交焦慮的多種樣貌

讓我們更仔細研究社交焦慮的表達方式。喬瑟夫與凱莉幾乎害怕所有的社交情境，而且一輩子都在迴避。莎拉最害怕的情況是在星期三早上的會議做簡報，我相信你能理解這一點。想像一下，你必須在一大群觀眾面前發表重要演講，如果無法完全避免這種情況，或者無法服用任何藥物或酒精來減輕焦慮程度，你通常會經歷什麼？

焦慮以三種不同的方式表達（見圖1），即思想形式（我們的想法）、身體症狀（我們的感受）、行為（我們的行為方式）。舉例來說，如果我強迫你在陌生人面前即興演講，你可能會感到強烈的恐懼與焦慮，可能會心跳加速，雙手也可能發冷（你的身體症狀），你或許會想著「我會讓自己丟臉」、「人們會認為我很愚蠢」（你的想法），你可能變得緊張並試圖擺脫這種情況（你的行為）。

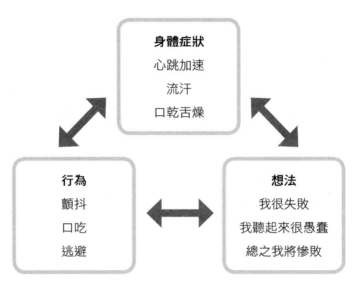

圖1：社交焦慮的三個要素
（copyright Stefan G. Hofmann, 2022）

　　如果你面臨潛在的威脅情況（例如必須公開演講），可能會經歷多種生理感覺（例如顫抖），因此可能產生負面的認知或想法，預測會失敗或發生危險（例如「我很失敗」）。這反過來只會提高你的生理激發程度，隨著這些身體感受增加，你可能比較無法專注於手邊的任務，而且你適應不良的認知並未透過因應語句（例如「如果我忘記說到哪裡，可以隨時查看記事卡」）

緩解焦慮，而是變得更強烈（例如「如果我結巴了，大家都會認為我很愚蠢，認為我沒做準備」）。最終結果可能是極度焦慮及表現不佳，或者迴避引發焦慮的情況（例如我只能在簡報當天請病假）。

這是對威脅適應不良的反應，有更具適應能力的替代因應方式，例如一旦你開始注意到焦慮的身體症狀，就可以練習更理性的反應（例如每個人在報告前都會緊張），防止這些身體症狀惡化。持續對自己說些鼓勵的話語或自言自語（例如「我可以犯一些錯，但演講仍然能順利進行」），你的焦慮程度將維持在合理水準。因此，你的表現可能不會受到干擾，結果也將成功，而且鑑於這種體驗帶來的掌控感，將來你更可能做出更具適應能力的反應。請專注於恐懼的這些層面：身體要素、想法、行為。

身體要素

極度恐懼的身體表現為恐慌發作，恐慌發作是短暫的極度恐懼，有時會突然發生，沒有明顯原因（如恐慌

症），有時與特定物體或情況有關，例如與陌生人交談或發表演講。因此，恐慌發作也可能在社交焦慮扮演重要角色，就像其他恐懼與急性焦慮一樣。恐慌發作通常會持續數分鐘，並伴隨強烈的身體感受，例如心臟狂跳、頭暈眼花、呼吸困難、出汗、顫抖、手腳刺痛、胸痛、噁心、窒息感、失去現實感。正如已經指出的那樣，恐慌發作可能在許多不同的情況下發生，往往由某種情況（如社交場合）觸發，或者更可能在某種情況下發生。其他時候，恐慌發作可能完全出乎意料地發生。

恐慌發作與所謂的「戰鬥或逃跑反應系統」密切相關，這是大自然為我們提供的天生警報系統，該系統曾在生存發揮重要作用，通常我們遇到真正的危險時，這個警報系統就會響起，這些才是「真正的警報」。社交情境的固有危險不會威脅我們的生命，而是威脅我們的社會階級地位，如果某種社交情境威脅我們的社會階級地位，進而影響自我價值、自尊、自信，我們可能會認為它危險。

與家中的煙霧警報器一樣，即使真正的危險不存

在，我們的社會威脅警報系統也會響起，這些攻擊被稱為「假警報」。如你所知，假警報可能出於一些不同原因而發生。儘管真正的危險（火災）不存在，但烹飪、抽雪茄或洗熱水澡的水蒸氣都可能觸發煙霧警報器。同樣地，我們天生的警報系統可能被許多不同的事物觸發，而這些事物不會造成真正的危險，我們「相信」自己陷入危險以觸發警報，這就夠了。因為我們往往必須在社交情境中表現，這種假警報可能分散我們對於手邊任務的注意力，並擾亂表現，導致我們將表現的情境視為更大的威脅。

認知要素

與恐懼情境相關的想法（也稱為認知），往往針對特定情況的性質。我們繼續討論莎拉最害怕的情況：公開演講。事實上，公開演講是最常見的社交情境，為了了解你在這種特定社交情境，與其他大多數人的比較結果，我和我同事派翠夏·迪巴托洛（Patricia DiBartolo）開發並測試了一項簡略有用的工具「公開演講期間的自

我陳述量表」（Self-Statements during Public Speaking scale, SSPS），衡量公開演講焦慮的一個重要層面：你對公開演講的相關想法（Hofmann and DiBartolo 2000）。研究表明，社交焦慮症患者思考社交情境時，產生許多負面想法，只有一些正面想法。請按照以下步驟，讓我們看看與別人相比，你對公開演講的相關看法：

步驟1：請想像一下你在任何公開演講情境下的典型感受與想法。想像一下在這些情況中，你對下面說法的同意程度？請依照0（完全不同意）至5（完全同意）的等級，對你的同意程度評分，將每項對應的數字記在筆記本或智慧型手機上。

1. 我會失去什麼？這值得一試。
2. 我是失敗者。
3. 這是棘手的情況，但我可以處理。
4. 在這種情況下，失敗將更證明我的無能。
5. 即使事情進展不順利，也不是災難。
6. 我能處理好一切。

7. 我說的話可能聽起來很愚蠢。

8. 無論如何，我可能會「炸開」。

9. 我可以專注於想說的話，而不是擔心。

10. 我感到尷尬與愚蠢；他們一定會注意到。

步驟2：現在請將你的第1、3、5、6、9項評分加在一起，這是你的「正向自我陳述量表」。然後，將第2、4、7、8、10項評分加在一起，這是你的「負向自我陳述量表」。作為參考點，大學生的平均正向自我陳述量表分數介於15至16分，平均負向自我陳述量表分數介於7至8分。相較之下，社交焦慮症患者的正向自我陳述量表分數平均低了2分（介於13至14分），負向自我陳述量表分數略高於12分。

顯然，即使你的正向自我陳述量表分數高於16分，負向自我陳述量表分數低於7分，也可能患有社交焦慮症。在公開演講場合感到焦慮的社交焦慮症患者，大約有七成在正向自我陳述量表得分介於7至19分，負向自我陳述量表得分介於6至18分。相較之下，約七成大學

生的正向自我陳述量表分數介於11至20分，負向自我陳述量表分數介於2至12分。

　　這表明焦慮者與非焦慮者的分數分布重疊，換句話說，你確實可能患有社交焦慮症，但與一些不焦慮的學生相比，你的負向自我陳述量表分數較低，正向自我陳述量表分數較高。然而，平均來說，與不焦慮的人相比，社交焦慮症患者的負向自我陳述量表的分數較高，正向自我陳述量表的分數較低。負向自我陳述量表的高分，尤其表示你的公開演講焦慮程度異常地高。舉例來說，如果你的正向自我陳述量表分數為15.5分，負向自我陳述量表分數為7.5分，那麼你的得分完全符合大學生的標準。相反地，如果你的正向自我陳述量表分數與負向自我陳述量表分數分別為13.5與12.5分，那麼就完全符合社交焦慮症患者的標準。

行為要素

　　戰鬥或逃跑反應系統的逃避反應，似乎是消除痛苦最自然且最有效的反應，但社會習俗與負面的社會制

裁，往往讓人極度難以擺脫某個情境。因此，人們會利用其他行為減少或消除焦慮，除了逃避之外，最有效的方法可能是迴避（一開始就不進入情境）。其他行為還包括在活動前服用抗焦慮藥物、喝酒或喝茶，而這些行為都沒有助益。一些焦慮的表演者試圖透過分散注意力、反覆思考某句話或某首歌、想像身處其他地方，或者想像觀眾沒穿衣服以減輕焦慮。其他探討公開演講焦慮的書籍，推薦許多所謂的「因應策略」。其他表演者會舉行奇怪的迷信儀式，試圖在社交情境開始前或期間減少焦慮。某些情況下，這些儀式甚至會公開展示並公開強化，就像職業運動員常常展現的那樣。

　　人們做這些事情，是為了感受對看似失控的情況的某種控制，讓情境變得讓人自在一些。換句話說，這些行為的目的，是為了避免社交情境的焦慮感。因此，這些行為（儀式、服用藥物或酒精、分散自己的注意力、提早結束演講並離場，或者一開始就不進入情境）都會導致迴避恐懼。我將在本書剩餘的內容廣泛地定義「迴避」是「你所做或不做以阻止你面對恐懼的任何事」。

請注意，這個定義不只限於拒絕進入讓人恐懼的情境，還包括逃離讓人恐懼的情境、服用藥物、分散自己的注意力、使用呼吸技巧……阻止你面對恐懼的任何事情。

社交焦慮的三個要素（想法、行為、身體症狀）透過正向回饋循環緊密相連，這可能輕易演變成恐慌發作。舉例來說，假設老闆來到你的辦公室，要求你在幾分鐘內當著一大群人的面，針對你不太熟悉的事情做簡報。你可能想著「我根本不可能做到這件事，我會讓自己丟臉」（認知要素）；可能會感到心跳加快，肌肉變得緊繃（身體要素）；以及可能想著「我好緊張，我知道我會把情況搞砸，我做不到」（又是認知要素）。接著，你也許每隔幾秒鐘就看一次手錶，並開始在辦公室裡踱步（行為要素），而且再度想著「我真的沒辦法做到這件事」（認知要素），你可能出汗並感到發熱（身體要素）。然後，你終於可以給老闆一個藉口，解釋現在你無法做這場簡報的原因（行為要素）。這個例子說明了焦慮的不同組成要素，如何相互作用及相互影響。

科學家往往將這種恐懼反應稱為「戰鬥或逃跑反應」，恐懼反應的概念是警報系統，如果我們認為某種情況造成威脅與危險，這個系統就會啟動。大自然賦予我們這種反應系統，因為它增加我們在野外生存的機會。然而，人類的文化發展，將一些演化適應行為變成非常討厭的古代雛型。例如，許多人害怕蛇、蜘蛛，以及在荒野中具有潛在威脅但在現代文明沒有真正威脅的其他動物。相較之下，演化沒有為我們提供警報系統，來保護我們免受當前世界的真正危險，例如觸摸電源插座或飲用漂白劑。換句話說，某些恐懼比其他恐懼更常見，也更容易形成，尤其是那些能適應演化的恐懼。顯然，演化讓我們準備好獲得某些恐懼，包括社交恐懼，但沒獲得其他恐懼。當然，並非所有人都獲得或維持這些恐懼。

所以，為什麼是我？

　　這個問題沒有簡單的答案，不同的人會因為不同的原因而產生社交焦慮。有些人一輩子都很害羞，在任何

社交情境都感到不自在，他們的父母或兄弟姊妹可能也有社交焦慮，而且他們可能在過度保護或批評的環境中成長。有些人可能記得他們在社交情境出現問題的某個時間範圍，有時他們會描述一次讓人非常不自在的演講事件，這個事件引發了問題。其他情況下，隨著社會對表現的要求變得愈來愈重要，多年來，他們對社交情境與失敗的恐懼逐漸加深。

沒有單一的心理學理論能確切解釋，為什麼有些人會出現社交焦慮，有些人卻不會。基因、家庭教養、先前的經驗都在不同程度上促成結果。文獻裡的一些跡象顯示，社交焦慮症與大腦結構及代謝差異有關。請想像大腦就像一棟房子，最底層是地下室，有火爐、電路斷路器、配管系統等，上方樓層是生活區域、辦公室、廚房等。就像房子一樣，大腦底部首先形成，這是演化的結果，是更原始且演化保留的區域；大腦上層容納了皮質的額葉區。探討社交焦慮症的一些研究，發現了壓力反應異常的證據。這項研究表明，涉及情緒處理的「由下往上」的大腦區域活動過多，涉及認知評估及情緒調

節的「由上往下」的大腦區域活動太少（Phan and Klumpp 2014）。其他研究發現神經傳導物質的功能異常，神經傳導物質是大腦將訊息從一個神經元傳送到另一個神經元的分子。根據藥物治療研究的結果，社交焦慮症似乎與某些神經傳導物質的失衡有關（Blanco et al. 2014）。

我們也了解家庭成員似乎會表現出共同的社交焦慮風險，這表明社交焦慮有遺傳因素，如果你的父母有社交焦慮，那麼你比父母沒有社交焦慮的人更有可能出現社交焦慮。社交焦慮症發展的遺傳傾向，與某些氣質變數密切相關，尤其是害羞，這是最具遺傳性的氣質因素之一，而且與社交焦慮症密切相關。已故的哈佛大學發展心理學家傑羅姆‧卡根（Jerome Kagan）認為，社交焦慮與童年早期出現的氣質變數「行為抑制」（behavioral inhibition）密切相關。行為抑制的定義是針對不熟悉和意外事件的抑制或迴避行為，它與大腦杏仁核興奮性的低閾值直接相關，杏仁核是涉及訊息情緒處理的小型大腦結構。研究發現，童年時期的行為抑制是害羞的早期

跡象，與青春期的社交焦慮及社交焦慮症密切相關
（Kagan 2014a, b）。具有這種特質的孩子遇到新奇的人
事物時，會表現出恐懼、膽怯和警戒。卡根及其同事也
發現，如果兒童在一歲九個月時展現了行為抑制，他們
的父母比非行為抑制兒童的父母（0%）及不屬於這兩
種類型兒童的父母（2.9%），更可能符合社交焦慮症的
診斷標準（17.5%）。

　　然而，童年時害羞或展現行為抑制的許多人，成年
後並未患有社交焦慮症，這表明社交焦慮症是由多種因
素引起，許多其他因素也可能保護人們免於社交焦慮傷
害，包括家庭關係、同儕關係、其他人格特徵、文化因
素（Henderson et al. 2014）。美洲、紐西蘭、澳洲的社
交焦慮症發生率最高，亞洲國家的發生率則最低
（Brockveld et al. 2014）。造成這些文化差異的原因，可
能是西方文化往往更重視外向與個人主義行為，而東亞
文化更重視安靜和內向的風格（Hofmann et al. 2010）。

　　總之，文獻表明社交焦慮及其前兆、害羞、行為抑
制，在家族中有遺傳傾向，而且在某些文化比較普遍。

你會遇到這個問題，背後有許多可能的原因，至少社交焦慮形成的部分原因是遺傳因素。然而，這不意味著你無法有效地針對它進行心理干預。恰恰相反，一些非常有效且相當簡單的策略，可以讓你奪回生活。莎拉、喬瑟夫、凱莉是截然不同的人，有著不同的經歷、弱點、優點和資源，但他們都有一個相似的問題，那就是社交焦慮，其表現形式相異，由不同因素引起。然而，你最初出現社交焦慮的原因（起始因素），通常與問題仍然存在的原因（維持因素）截然不同，我們將在下一章詳細討論這點。

事實證明，這些維持因素對心理治療的反應非常好，即使起始因素的本質可能與生物學相關，甚至與遺傳相關。本書將教你針對社交焦慮的不同維持因素之策略，以奪回生活，其中一些策略比其他策略更適用於你的個人問題。為了確定哪種策略有效，我鼓勵你先嘗試所有策略，然後再回到看起來最有效的策略。請保持耐心，並善待自己，同時要堅持不懈，你將發現它們有幫助！

第二章

為何社交焦慮會不斷持續？

事情不對勁時，我們自然會試著了解原因，因為有時這麼做，會讓我們知道解決的方法。然而，問題開始的原因及持續的原因往往是兩回事。事實上，比起了解社交焦慮最初開始的原因（起始因素），更重要的是了解社交焦慮仍然存在的原因（維持因素）。最初導致問題的因素，鮮少與造成問題持續的因素相同；反過來說，了解造成問題持續的因素，幾乎無法讓你明白最初導致問題的因素。

舉例來說，如果你手臂骨折去看醫生，他們會拍X光片並為你打上石膏，無論你是因為從蘋果樹上摔下來、滑雪出意外，或是因為朋友說服你去高空彈跳而摔斷手臂，這都無關緊要。無論問題的最初原因是什麼，治療方法都相同。換句話說，為了有效治療問題（手臂疼痛），重要的是知道導致問題（骨折）持續的原因，而不是最初造成問題（意外類型）的原因。這不是說問題的由來不重要或無關緊要，確切地說，為了找到改正問題的方法，問題的由來並非必要。

更複雜的是，有效的治療方法幾乎不會告訴你關於

起始因素的資訊，而且不只一種治療方法，可以透過不同的機制消除問題。舉例來說，如果你嚴重頭痛，可能會吃點阿斯匹靈，這不意味著大腦有某種「阿斯匹靈感應器」，能查出你患有某種「阿斯匹靈缺乏症」。恰恰相反，阿斯匹靈抑制了損傷及發炎的特定類激素物質（前列腺素）作用，這種物質會增強疼痛信號。你可能也透過其他藥物消除頭痛，甚至只是打盹、做些放鬆練習或服用咖啡因，以消除頭痛。

因此，最初造成問題的因素（如性格特質、過往經驗、學習環境），與造成問題持續的因素不同。社交焦慮的治療有效是因為它們針對的是維持因素，導致問題持續的原因通常很多，因此不同的治療方法有效，是因為它們消除了不同的維持因素。我們將在本章討論導致社交焦慮持續的一些重要因素，然而，先讓我做個非常簡潔的總結，如果所有事情並非立刻合乎道理，那也沒關係，當我們專注於這些不同的面向，這一點就會變得清晰。

維持因素

　　社交焦慮是對社交情境的恐懼，這非常耐人尋味。在日常生活中我們不斷面臨社交情境，請想想你一天中與別人互動的頻率。然而，如果人們不接受治療，社交焦慮可能持續多年或數十年。這種焦慮持續的原因是什麼？為什麼人們並未變得習慣？過去二十年，我與同事一直鑽研這個問題，我們做了大量研究，整合現有文獻與研究，得出了社交焦慮症的綜合維持模型（Hofmann 2007; Hofmann and Otto 2008）。

　　社交焦慮症的核心是巨大的回饋循環，它始於社交憂慮，然後循環至迴避行為；它始於讓人焦慮的社交情境。你在這種情境下感到擔憂，部分原因是認為社會接受度的標準很高。你希望給別人留下好印象，但懷疑自己能不能做到這一點，部分原因是你無法定義目標，並且選擇可實現的具體行為策略，以達成這些目標。這導致社交憂慮進一步加深，也增加自我關注的注意力，從而引發許多密切相關的認知反應。具體來說，你誇大了社交災難發生的可能性，以及社交情境涉及的潛在社會

成本。你可能認為自己面臨表現得無能並讓人難以接受的風險，並且相信將會導致災難的後果，例如被重要團體排斥。你可能覺得自己在社交情境幾乎無法控制焦慮反應，並誇大你的焦慮反應在別人眼中的能見度，這很可能讓你更害怕自己表現得讓人難以接受，也加深了遭到拒絕的恐懼。

正如你所見，這些反應彼此密切相關，而且與在社交情境中，負面看待自己的傾向密切相關。一個因素啟動會導致另一個因素啟動，這些都加深了社交焦慮。結果，你或許採取迴避和／或安全行為，然後事後反芻思考（rumination），例如參加派對卻只與親密朋友交談，或者第二天重新思考每一次對話。這個循環靠著自身發展下去，最終導致問題持續並進一步惡化。

圖2顯示這些可能的不同維持因素，以及它們相互影響的方式，一些因素對某些人更重要，但你或許能理解其中許多維持因素。

舉例來說，假設莎拉即將發表演講，她站在觀眾面前時，可以感覺到焦慮加深。她想有個完美的演講並給

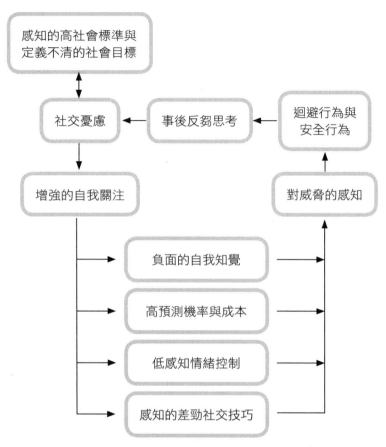

圖2：社交焦慮症的持續。取自Hofmann, Stefan G. 2007. "Cognitive Factors That Maintain Social Anxiety Disorder: A Comprehensive Model and Its Treatment Implications."*Cognitive Behaviour Therapy* 36: 195–209. doi: 10.1080/16506070701421313. Reprinted with permission.

人留下深刻印象，但她知道自己做不到，甚至不知道如何才能做到（即她感知的社會標準很高，但其社會目標定義不清）。她感到社交憂慮與焦慮，導致她將注意力集中在身體與自我（即她經歷了增強的自我關注，這種關注指向負面的層面）。她認為如果自己把事情搞砸（即她展現出高估計社會成本），那將是災難；她認為自己幾乎無法控制焦慮（即她認為自己的情緒控制力低），並認為自己是糟糕的公開演講者（即她認為自己的社會技巧不佳），轉而增加了她對威脅的感知，導致她盡可能講得很快，以趕快擺脫該情境（即她迴避恐懼）。演講結束後，她繼續反芻思考這場演講，進一步加深對這類情境的社交憂慮。

讓我們一步步且更詳細地了解這個循環。首先，社交情境在某種程度上會引發焦慮，是因為你想實現的目標很高，或者你認為社會標準很高。比起每個人都對你期望很高，而且你的目標也非常高的情況，如果沒人對你有任何期待或者每個人都表現很差，你感知到的社交憂慮會少得多。如果這對你來說是重要的維持因素（意

味著你的目標與對社會標準的設想很高），那麼，你必須透過意識到人們對你的期望通常不如你想像的那麼高，來達成這個目標。此外，你必須學習如何在一種社交情境下，為自己定義明確目標，以及如何運用這些資訊來確定你是否成功。

一旦你經歷了最初的社交憂慮，注意力通常會向內轉移，轉向自我評價和焦慮感。我們知道這種注意力的轉移會讓問題惡化。如果這就是發生在你身上的情況，那麼你正花費寶貴的精神資源，來審視身體及檢查自己，還試圖處理這種情況。為了有效干預，你必須學習策略，將注意力從焦慮感導向實際情境，以成功完成社交任務。

在社交情境中，你可能將注意力集中在內心，並注意到不喜歡的自我層面。換句話說，你可能對自己持負面看法，並認為其他人與你有著相同的扭曲負面信念。「我真是拘謹的白痴」是一個自我陳述的例子，反映了負面的自我知覺，你可以看見這種想法如何引導你相信其他人也有同樣的感覺。重要的是，你必須對真實的自

己感到自在（包括你在社交表現情境的不完美）。你需要學習策略來改變對自己的負面看法，並對真實的自己感到自在，還要意識到其他人並未與你持有相同的負面看法。

造成嚴重後果的重大社交災難很少見，輕微的社交事故是正常的，而且一直發生。有些社交事故甚至很可愛，讓這個人更討喜。然而，人們的不同之處在於，這些事故對一個人生活的影響程度。你可能認為社交事故會為你帶來災難的後果，例如你覺得發表糟糕的演講會導致自己被解僱，並且沒人願意再僱用你，從而永遠結束職業生涯。為了有效因應社交焦慮，你必須意識到即使社交接觸在客觀上不順利，也不是大不了的事。災難可能發生，但非常罕見。遭到殺害是災難，但被約會對象拒絕或發表糟糕的演講不是災難。

當你處於社交威脅的情況下，可能經常注意到焦慮的身體症狀，感到恐慌般的焦慮似乎超出控制，也可能認為周圍的每個人都看出並感覺到你心跳加速、口乾舌燥、手掌出汗等。為了有效處理社交焦慮，你必須意識

到自己對焦慮情緒的控制力比你想像的還要強。重新審視感知，有助於身體反應平靜下來。你也必須意識到，自己高估其他人對你身體狀況的了解程度，你的焦慮感是非常私密的體驗，別人看不到你狂跳的心臟、流汗的手掌或發抖的膝蓋。

你可能還認為自己的社交技巧不足以因應社交情境，例如你認為自己天生就是糟糕的演講者，因此在大多數公開演講的場合都感到非常不自在。我想讓你意識到，你的實際社交表現不像你想像的那麼糟糕，這是一種干預措施，而且糟糕的技巧不是你在社交情境感到不自在的原因。事實上，世界上許多人的社交技巧比你更有限，但他們沒有社交焦慮。

這些過程的結果，是你使用了迴避策略。你可能避免這種情況、逃避或使用讓你減輕不自在感受的策略，這些活動（或缺乏這些活動）都是為了避免焦慮感。作為一種干預措施，你需要認識到使用迴避策略（主動或被動）是社交焦慮持續的部分原因，因為你永遠不知道如果不迴避該情境會發生什麼事。

然而，問題不止於此，即使該情境已經過去。在一種社交情境結束後，你可能會對此反芻思考，不僅關注負面層面，還關注模棱兩可的層面（可解讀為正面或負面的事物），而且往往從負面來解讀。再者，這只會讓情況惡化。為了有效干預，你必須意識到反芻過去的情境是壞主意，事情發生就發生了，是時候繼續前進。反芻思考只會讓事情變得更糟，讓你對未來的情況感到更焦慮與迴避。其中一些資訊相當複雜，但你的焦慮也是如此，接下來讓我們更詳細地討論這些維持因素。

社會標準

當人們希望傳達期望的印象，但不確定自己能不能做到這一點，他們在社交情境中就會產生焦慮。這種期望往往與歸屬於某個理想的團體，並遵守特定文化社會規範的自然渴望相關。順道一提，這與不在乎社會規範的精神病態者恰恰相反。換句話說，雖然精神病態者不在乎別人，社交焦慮症患者卻太在乎別人。如果世上只有社交焦慮症患者，這個世界將更友善，但也會是充滿

迴避且非常焦慮和孤獨的世界。

　　我們知道，社交焦慮症患者常常展現他們感知的社會標準與社交能力之間的差異。人們發現，這種差異主要是因為低估了自己相較於感知的社會標準與期望目標的能力程度。我以前一位學生的論文研究指出這一點，透過觀察社交焦慮症患者「有缺陷」的自我知覺，是如何由他人標準過高或不明確的情境所觸發（Moscovitch and Hofmann 2006）。換句話說，如果你有社交焦慮，它可能是由標準過高（如重視競爭的朋友），或者標準不明確（如提供間歇回饋的老闆）的情況引發。

　　在這項研究中，三十九名社交焦慮症患者與三十九名非臨床對照組成員（即沒有診斷出社交焦慮症的人），在收到社會標準的相關提示後公開演講。三分之一的參與者收到的提示顯示表現標準高，三分之一的參與者收到的提示顯示標準低，剩下的三分之一沒得到關於預期標準的明確資訊（即標準不明確）。請讓我為你提供這項研究的一些細節，這樣一來，你就能理解科學家如何在實驗中研究這些現象。

這項研究的參與者得知，他們必須針對隨機選擇的主題進行10分鐘的即興錄影演講，而實驗者將觀察該演講，隨後其他人將評價影片。參與者聽到這些初步指示後，對預測的表現水準與感知的觀眾標準進行評分，每項等級為0至10，接著他們被隨機分配到三種實驗條件的其中一個：高標準、低標準、無標準。每種條件的參與者都觀看了一段影片，影片裡的人談論「波士頓的旅遊景點」2分鐘；講者是實驗室的一位志願者，演講是在實驗之前計畫與拍攝，儘管參與者直到研究結束才知道這些資訊。而參與者觀看影片前，會透過對講機收到一組有腳本的口頭指示。

　　所有參與者實際上都觀看了相同的影片，但收到的口頭指示在三個實驗條件下有所不同。高標準條件的腳本包含以下資訊：「根據我們的經驗，人們必須執行任務前，喜歡先看另一個人執行。因此，在你發表演講前，我希望藉由展示影片演講的範例，讓你了解任務。觀看這段短片時，請記住，並非所有演講表現都相似，在你之前，我們中心與許多人已參與這項實驗，他們表

現出廣泛的焦慮及表現能力。老實說，大多數人的表現比你即將觀看的影片好多了，儘管如此，這段影片仍將讓你好好了解這項任務。」

低標準條件的參與者與高標準條件參與者收到的指示相同，只是他們被告知「大多數人的表現不如你即將觀看的影片」。無標準條件的參與者觀看影片時，沒收到任何關於表現要求或期望的資訊，參與者被告知他們觀看影片是為了評估注意力水準，口頭指示將他們的注意力引導到影片的表面；無標準條件的腳本中，參與者被要求計算影片裡的人使用「波士頓」一詞的次數。

參與者被要求最多發言10分鐘，但可以隨時舉起「停止」標誌以終止演講，他們被告知演講主題為隨機選擇（然而，所有參與者的主題都是死刑、墮胎、生物複製），並且被要求在開始演講前，將包含主題的紙張正面朝下（即不要看主題）。演講結束後，參與者對自己的表現進行0至10的評分，並對演講期間的焦慮程度進行0至100的評分，接著聽取簡報，領取參與的報酬，然後離開。兩位獨立的評分者看不到研究目的、條件、

參與者的診斷狀態，他們觀看錄影的演講並評分。

　　只有社會標準很高（即他們相信其他大多數人表現確實很好時），以及社會標準模糊時（即不清楚其他大多數人的表現），社交焦慮症患者才認為他們的社交表現比沒有社交焦慮症的人來得差。因此，社會標準的相關資訊調整了社交焦慮症患者的自我評價。缺乏預期表現標準資訊的情況下（即標準不明確時），社交焦慮症患者將自己的表現評價為不佳，與表現標準明確較高時一樣差。另一方面，參與者被引導相信預期標準低時，他們的自我評價與對照組的自我評價沒有差異。因此，當別人的標準被視為高標準或不明確時，人們認為自己「有缺陷」的看法似乎就會被啟動。

　　不幸的是，日常生活充滿如此模糊的標準，正如我們文章的標題〈模糊會傷人〉表達的一樣。因此，干預措施的其中一個目標可能涉及澄清表現的實際標準，對於不完美社交表現造成後果的可怕解釋，必須透過特別設計的暴露予以挑戰，我將在第三章討論這點。你在暴露過程中面對社會威脅情境，以測試你的信念。測試你

對社交事故後果的信念之暴露，被稱為「社交事故暴露」，這些練習將為你提供直接證據，證明（1）發生社交事故的可能性很低，並且（更重要的是）（2）社交事故的後果（社會成本）既不會導致災難，也不是無法控制，稍後我會詳細說明。

目標定義

當你懷疑自己是否有能力給別人留下期望的印象，或者當你覺得無法在社交情境中實現目標，就會出現社交焦慮。你個人的社交目標不僅決定了情境的需求，也以特定的方式影響你的想法、感受和行為，例如接受工作面試時，具體目標可能是讓面試官相信你最適合這份工作。然而，如果你患有社交焦慮症，並且經常想著「我在面試時總是說些蠢話」，你可能會將更多重心放在不要說錯話，而不是完全專注於面試，以及針對面試官的問題提供滿意的答案。「人們會看出我的焦慮」與「如果我搞砸了，人生就完了」等焦慮想法沒有益處，而且會讓你看起來心煩意亂、不適任或對這份工作不感

興趣，事實上，你能表現出色，而且這是你真正想要的工作。

旨在幫助社交焦慮症患者的干預措施，設定了社交情境可實現的客觀社交目標，以及解決高社會標準及分散、不切實際或主觀的目標。這包含檢視你的目標是否客觀，並且不涉及「解讀」別人對你的社會適當性之判斷。透過這種方式，改善你的目標設定將帶來雙重好處：（1）幫助你「擺脫別人的看法」，並定義社交互動或表現真正需要的東西，同時（2）定義關於特定情況的適當表現程度。就工作面試而言，意味著目標不是要看起來聰明機敏或讓人難以抗拒，那會是無法達成的目標。相反地，目標應該是讓面試官了解你的相關工作經驗，以及你有資格勝任的技巧。擔憂面試官對你性格的評估，與這場面試沒有太大關係，而專注於這點會妨礙你成功獲得這份工作。

自我關注

社交焦慮的人面臨社會威脅時，會將注意力轉向內

心，並詳細地監控自己。他們的自我關注很強時，會經歷不由自主、反覆出現和過度負面的自我形象，他們認為這些自我形象很準確。負面的自我形象不限於他們在社交情境中如何看待自己，還可能包括身體特徵（包含儀容和外表），因此改善社交焦慮往往也會減少這些擔憂。

這些負面的自我形象與社交焦慮有因果關係，比起不焦慮的人，社交焦慮症患者更可能在社交情境「看見」自己，就像站在觀察者的角度一樣。社交焦慮症患者獲得指示將注意力集中在外部環境的各個方面時，他們描述的焦慮與負面信念較少。此外，社交焦慮症讓人們誇大情況的負面層面，忽視正面層面；如果事情能以任何一種方式解釋，社交焦慮症患者會將其解釋為負面。你看到別人的微笑可能意味著這個人認為你很可笑或喜歡你，安靜的觀眾可能意味著你可以吸引他們的注意力，或者你讓他們感到無聊。如果你看到一名觀眾打瞌睡，可能會想著「我讓人感覺無聊得要命，或是他對我的演講不感興趣，或者這個人熬夜且疲累」。根據你

的詮釋，將體驗到不同的情緒，其中一些情緒可能進一步加深焦慮，例如「我讓人感覺無聊得要命」的想法會導致更深的焦慮。相較之下，「這個人熬夜且疲累」的想法，不會吸引你太多的注意力，對焦慮影響不大。

我經常在治療中教導患者自覺地將注意力集中於不同的事物，藉此訓練注意力控制，例如執行社交表現任務（如公開演講）之前，我可能會指導他們將注意力集中在內心的焦慮，或者集中在外部環境，像是房中的特定物體或演講主題。當他們這樣做時，我可能會要求他們注意自己的焦慮，將注意力集中在焦慮時，焦慮感通常最深，而關注房中的椅子等中性物體時，焦慮感較低。這項練習的目的不僅是為了證明注意力集中與焦慮之間的關聯，也是為了顯示注意力分配受到我們自主的控制。如果我們有能力讓事情變得更糟糕（專注於我們的焦慮），那麼也有能力讓事情變得更容易。這項練習的焦慮變化表明，焦慮不是對社交情境的自動反應及固定反應，而是主觀且可變的注意力因素發揮的作用。

自我知覺

　　自我知覺是社交焦慮症患者很常見的維持因素，如果你認為自己無法向重要的他人傳達期望的印象，就會感到社交焦慮。早期的學習經驗可能導致你對自己產生一些扭曲負面的假設，例如「我很愚蠢」、「我沒有吸引力」。一系列有良好對照的研究中，加拿大溫哥華英屬哥倫比亞大學的林恩·奧爾登及其同事，研究了自我知覺對社交焦慮症患者焦慮的影響（Alden et al. 2014）。這些研究表明具有社交焦慮的人面臨社會威脅時，會將注意力轉向內心，並詳細地自我監控，而在此過程不由自主、反覆和過度負面地體驗他們認為正確的自我形象。社交焦慮症患者面臨社會威脅時，往往低估相對於他人標準的自身能力，擔心別人對他們在社交情境的表現抱有很高的標準，這種擔憂可能會顯著影響他們的情緒與行為。

　　奧爾登及其同事也觀察到，社交焦慮症患者在一次社交接觸獲得表現良好的回饋後，在下一次預期的社交接觸時將更焦慮，因為他們認為自己最初的成功可能導

致評估者提高預期的表現標準。同樣地，有社交焦慮的人認為自己無法達到預期標準時，可能採取故意失敗的策略，藉此影響潛在的評估者降低他們的表現期望至更有信心達到的水準。換句話說，對於一些社交焦慮症患者來說，自我破壞不是對成功社交表現的非典型反應，表現得無能一定可以讓你遠離大家的注意力。

此外，社交焦慮症患者形成的負面心理自我呈現不是基於對自己的看法，而是基於他們認為潛在的「觀眾」評估者，在任何特定時刻對他們的看法。換句話說，社交焦慮症患者感覺自己一直在舞臺上，並且似乎持著有偏見的負面自我評價。這種情況甚至可能發生在社交情境外，無論他們的技巧水準或互動夥伴展現的熱情友善程度，這可能是社交焦慮症與憂鬱症相同之處較多的原因。影片回饋是干預措施，可以成為改正負面扭曲自我認知特別有效的工具。當你有機會評估自己的客觀社交表現，並且對比你當時主觀體驗的表現，觀看自己在影片裡的表現可以開始改變自我認知。使用智慧型手機錄製影片，提供了查看自己表現的簡單方法，其他

替代方案是鏡像暴露（即反覆看著鏡中的自己，而不進行檢查行為，例如「我很好奇我的鼻子是否太大」），以及反覆聽自己錄製的聲音。我稍後會介紹具體技巧，現在你只要知道自己的社交焦慮，可能導致你比其他人對自己更嚴厲，這本書將幫助你學習如何更善待自己。

估計的社會成本

駕駛載有四百一十六名乘客的波音747客機需要一定的技巧，而且是一項可怕的任務。降落操作出現錯誤可能會導致一些嚴重的負面後果，例如飛機墜毀，機上全數乘客與機組人員可能死亡，那將是災難，造成嚴重的長期負面與不可逆轉的後果。除非你相信來世，否則一旦死了就是死了。比較這件事與社交任務，例如公開演講，與飛機降落過程類似，公開演講也需要一些技巧。然而，人們在演講或任何其他社交任務犯錯，並不會導致類似的長期負面與不可逆轉的後果，無論演講多麼糟糕，講者或聽眾都不會死。討厭的情況時常發生，它們讓人感到不自在，讓人痛苦，但人們會忘記並原

諒，然後繼續生活。社交情境無論最終變得多麼糟糕，都不是災難，但研究顯示社交焦慮症患者並不這麼想。

英國心理學家大衛‧克拉克（David Clark）與亞德里安‧威爾斯（Adrian Wells）制定了具有影響力的社交焦慮症認知理論（Clark and Wells 1995），指出社交焦慮症患者相信（1）他們可能表現笨拙且讓人無法接受（2）這種行為會帶來災難性的後果，包括失去地位、失去價值和被拒絕。該理論的第二部分後來被稱為「估計的社會成本」，與賓夕法尼亞大學的艾德娜‧福阿（Edna Foa）、已故的麥可‧柯薩克（Michael Kozak）更早提出的恐懼及焦慮的影響力模型密切相關（Foa and Kozak 1986）。該模型假設，一個人對各種焦慮問題療法的反應，某種程度上取決於他們能不能降低與某種情況的可怕後果相關的誇大機率與成本。請容我解釋。

恐懼與焦慮問題的表現被稱為「恐懼結構」（一種認知網絡，其中恐懼以思想、行為、生理的形式表現），如果一個人的恐懼結構被完全觸發（例如透過暴露於讓人恐懼的物體或情況），而且他們沒經歷任何負

面後果，就能學會減少估計傷害機率的誇大傾向。如果這個人將焦慮降低歸因於社交情境的特徵（像是如果我不焦慮，情況就不會這麼糟糕），暴露期間焦慮的習慣（即由於重複出現威脅而發生的學習）將減少誇大的估計社會成本。

　　社交情境的結果未必總是清晰或可預測，通常根本沒有任何後果，有時結果出乎意料的正面，有時則是負面。出乎意料的正面後果往往受到忽視，或者被負面地重新詮釋（我們稍後將在檢視事後反芻時更詳細地討論）。有各式各樣的負面後果，其中一個例子可能是聽眾批評你的演講，根據情況，會對你產生不同的影響。舉例來說，如果反覆遭受批評，不再引起生理激發，那麼你將不再認為受到批評是災難。根據福阿與柯薩克的說法，比起不焦慮的人，社交焦慮症患者估計社交事故發生的可能性同樣準確，但往往高估這些事故的潛在負面後果，常常假設它們對其人生造成長期負面且不可逆的影響。這可能意味著針對社交焦慮症的心理治療有效，部分原因是降低了一個人估計的社會成本。如果是

這樣，我們就確定了認知行為療法發揮效用的機制之一，構成治療機制的變項通常稱為「治療中介」（treatment mediator）。

　　估計的社會成本作為社交焦慮症治療中介的第一個直接證據，來自福阿的其中一項研究（Foa et al. 1996）。研究者要求社交焦慮症患者在接受認知行為療法的前後，評估壞事發生的可能性（以衡量壞事的估計機率），並要求他們估計後果的嚴重程度（以衡量壞事的估計社會成本）。此外，他們也向一群不焦慮的人收集了相同類型的數據。結果與福阿及柯薩克的假設一致，社交焦慮症患者對負面社交事件的成本表現出特定的判斷偏差。參與者接受治療前也表現出與社交相關的判斷偏差，這些偏差在治療後有所減弱。具體來說，他們的估計成本及對負面社交事件機率的高估皆下降，這與治療後症狀嚴重程度的減輕有關。這表明，根據福阿及柯薩克的中介模型，估計成本是治療結果的最佳單一預測因子。這種效果後來在其他研究複製，包括我的研究（Hofmann 2004），該研究也表明直接的認知干預可以

讓治療效益維持更好，而且這種效果是透過治療期間估計社會成本的變化來調節。

　　儘管較傳統的認知行為療法中，某些認知策略在一定程度上解決了這個問題，但以特定方式積極針對估計的社會成本時，治療效果通常可以改善。舉例來說，當你反覆持續地讓自己暴露在社會威脅的情況，焦慮會減少，這不僅是因為習慣，也是因為你意識到可怕的結果不會發生，如果發生了，你可以處理它。如果你確認並質疑誇大的估計成本，則可以增強這種效果。（例如這種情況的最壞結果是什麼？為什麼這種情況是災難性事件？我的生活將因該事件而發生何種變化？）更重要的是，社交事故很正常，而且這種事故的負面後果通常短暫，在暴露實踐的計畫階段（我們將在第三章討論），我會鼓勵你製造社交事故以檢視實際後果。這些經歷可以幫助你意識到：首先，完美的表現永遠不必成為社會接受度或安全的標準；其次，透過你重複且生動地犯下社交事故，這些事故不必要也不應該被解釋為災難。

　　經過數十年的研究及針對社交焦慮症患者的治療，

我逐漸意識到，社交事故暴露（有時也稱為社會成本暴露）對於許多社交焦慮症患者克服社交焦慮往往至關重要（Fang et al. 2013，進一步闡述）。顯然這些干預措施對於預防舊疾復發具有特定價值，不僅是透過社會關注的建立、目標設定、表現評估的新模式，還透過為社交失敗及社交事故之間的顯著差異制定標準，後者發生並不會造成重大的社會後果。

情緒控制的感知

　　主持人剛剛介紹了你，你站在麥克風前，燈光照在你身上，聽眾漸漸安靜下來、期待你開始演講。你的心跳加速，你可以聽到自己的心跳聲，你的手掌出汗，你的焦慮已經失控。社交焦慮症與許多情緒一樣，經常關乎對於厭惡的事件（如公開演講或派對）缺乏控制的感知，這可能導致主觀苦惱、行為困擾、生理困擾。我們認為事件在掌控之下是心理健康的基本層面，甚至是決定因素，我的朋友兼前導師大衛·巴洛（David Barlow）對這項見解有重大貢獻（Barlow 2001）。他觀察到意料

之外且無法控制的恐懼爆發，可能導致脆弱個體出現焦慮症，因為他們認為自己的情緒或身體反應失控，這在恐慌症患者的身上非常明顯。如果人們意外地經歷短暫而強烈的恐懼爆發，隨後對這種反應以失控的方式再次發生的可能性產生焦慮，就會出現這種疾病，但這不是恐慌症特有的情形。事實上，巴洛發現社交焦慮症在內的所有焦慮症，都缺乏對負面情緒及身體反應的知覺控制。例如我的一項早期研究（Hofmann et al. 1995）表明，害怕公開演講的人將恐懼歸因於「恐慌發作」（其定義為無明顯原因的突然強烈恐懼），而不是創傷事件。儘管這項研究的所有參與者都符合社交焦慮症的診斷標準，但他們認為比起對他人負面評價的恐懼，恐慌發作對於演講焦慮的影響更重要（這被認為是社交焦慮症的核心特徵）。最近的一項研究（Hofmann 2005）探討許多典型的社交焦慮症患者，結果表明高估計社會成本的情況會產生焦慮，部分原因是人們認為自己的焦慮症狀失去控制。

這些研究和其他研究表明，對於威脅事件相關焦慮

反應的知覺控制，與社交焦慮症的治療效益極為相關，也稱為情緒焦點因應（emotion-focused coping，是指我們用以調節情緒的策略）。我們愈相信自己能控制情緒與焦慮，就愈能因應威脅情境。因此，社交暴露的目的應該是測試你的核心社交恐懼。例如你可以將接觸引發焦慮的社會提示，以及接觸讓人恐懼的焦慮感結合起來，目的是重新定義這些焦慮感的「危險」與「安全」。

感知的社交技巧

　　世界永遠不會完全在我們的控制之下，大多數活動都帶有一些潛在風險。有些活動的風險比其他活動來得大，飛鼠裝定點跳傘（這是一項瘋狂的運動，人們從懸崖上跳下來，穿著飛鼠裝開始滑翔）的風險，比在鄰近街區輕鬆散步來得大。不過，即使是散步也有一些風險，例如或許你會被車撞到，當然，這不太可能發生，但並非完全不可能。這是有機會發生的事。情境的固有危險，也取決於你因應威脅的技巧。定點跳傘課程中，你第一次跳下懸崖的風險比第五十次來得大，因為你處

理威脅的技巧會隨著經驗逐漸建立，但你的「實際」技巧與「感知」的技巧之間有差異。對其他人來說，你的實際能力顯而易見，你感知到的技巧則是自認擁有的技巧。

掌控某件事的能力感有個名字：感知的自我效能。亞伯特・班度拉（Albert Bandura，在我寫下這些話的幾天前，他不幸去世）詳細研究了這個概念，他是歷來被引用次數最多的心理科學家之一。班度拉研究了感知的自我效能，在治療期間降低焦慮所發揮的功效（Bandura 1988）。經過大量研究並多次修改概念，現在感知的自我效能被定義為我們能用以控制潛在威脅的信念。更進一步來說，你感知的自我效能愈高，就愈能預測並控制引發焦慮的事件。

事實證明，感知的自我效能在焦慮中扮演核心角色，某種情況的威脅與人們有沒有信心能處理該情況有關。還記得你剛學開車時，第一次坐上車的情景嗎？在觀察交通與駕駛的同時，踩著油門踏板控制車速一定會產生焦慮，你必須學習及練習駕駛技巧。你很焦慮，因

為你感知的自我效能很低，而透過練習，隨著感知的自我效能提高，你的焦慮減少了。因此，我們對自己有一定控制權的信念決定了焦慮程度。轉移到社交焦慮症，因應社會威脅的方法，是透過處理我們的焦慮激發狀態（即上一節討論的情緒焦點因應），以及我們相信自己有多少能力，運用社交技巧處理社交情境需求（即問題焦點因應，problem-focused coping）。此處重要的是，強調對技巧的認知。

社交焦慮症患者並未明顯缺乏任何社交技巧，然而，他們往往較負面地評價自己在社交情境的表現。如果你使用本書的策略後，認為自己的社交技巧改善或者比最初想像來得好，那麼社交情境就會顯得不那麼具威脅性和危險，因為你對社交情境的控制感會增強。隨後，由於社交焦慮減少，你最終可能會在社交目標表現得更好。換句話說，減少社交焦慮會讓你對未來的社交情境更有自信也更不恐懼，進而增強因應潛在社交威脅的社交技巧。

我研究了數百名社交焦慮症患者，通常是在治療研

究的情境下進行。其中大多數人顯然不缺社交技巧，只有極少數人明顯缺乏社交技巧。其中一些人無法維持眼神交流，表現出讓人尷尬的行為，說話太輕柔或太快速，結巴，不恰當地試圖搞笑，甚至好鬥挑釁。對這些人來說，社交技巧訓練很適當。然而，對於大多數社交焦慮症患者來說，社交技巧訓練相當不合適，因為會加強他們的完美主義傾向，以及認為自己無法達到社交目標與社會標準的認知。對社交技巧的認知是人們自我知覺的一個層面，可以利用影片回饋、聲音回饋、鏡像暴露、團體回饋等技巧來解決。

安全行為與迴避行為

安全行為是迴避的一種形式，我之前定義「迴避」是為了避免感到焦慮而做或不做的任何事，這可能包括選擇不參加可怕的派對或提前離開會議。在這兩種情況下，這些行為都會透過消除威脅來減輕焦慮，但有些行為微妙多了，例如你可能避免與派對上的人目光接觸，聚會時靠近出口，或者過度準備演講。這些行為也是為

了減輕你的焦慮，比不進入某種情境或逃避某種情境更微妙，因此我們稱為「安全行為」，該名稱意味著它們讓你感到安全，從而減少痛苦程度。

雖然這些行為在短期內減輕你的焦慮，長遠來看，它們也維持了你的焦慮，我們在接下來的章節會更詳細地討論。我們確實知道，迴避行為是維持社交焦慮的重要因素，而使用安全行為會破壞因應社交威脅的適應方法之效果，這是因為迴避行為與安全行為會阻止你評估社交情境的真正威脅。只要你逃避就失去了機會，無法體驗情況不如你想像的那麼危險，以及你確實能控制它。你還記得學騎腳踏車的情形嗎？只要騎著有輔助輪的腳踏車，你就永遠不會有機會知道，沒了它們，照樣能騎；最終你必須拿掉輔助輪，才會知道沒有輔助輪也能安全騎車。同樣地，社交焦慮症患者可能想著，「如果我沒有可以依靠的安全行為，誰知道會發生什麼事？」

安全行為是迴避策略的微妙形式，而且著名地難以發覺，例如演講時使用特定的措詞或填充詞，在派對上

即使沒喝任何東西，手中也始終拿著飲料或緊握著飲料以免發抖，團體聚會時站在靠近出口的地方以確保更容易離開。它們的作用都是讓你在社交威脅的情況下減少不自在，你甚至可能沒意識到自己做的這些事是安全行為。為了辨認出它們，首先你必須觀察自己的社交互動，並察覺自身的問題。你必須對這類安全行為的跡象保持警惕，一旦辨認出來，下一步就是有系統地加以消除。為此，你必須產生暴露任務，這是了解社交情境其實很安全的機會。

暴露的規劃關乎創造情境，直接挑戰你認為社交情境「危險」的信念。這些暴露通常涉及經歷社交事故，引發類似焦慮的症狀，以及在多種環境下練習消除安全提示與安全行為。即使你不使用那些安全提示與安全行為，這也能幫助你將社交情境重新定義為「安全」。

事後反芻思考

請想像以下場景：你參加一場派對，有人把你介紹給金認識，你真的喜歡金，並難得鼓起勇氣向她要了電

話號碼，想找個時間一起喝咖啡。讓你驚訝的是，金表示：「當然，有空打電話給我。」你回到安全的家後，仍然不敢相信剛剛發生的事情：你向她要了電話號碼，而她真的給你了！你經歷愉快與不愉快的情緒，包括喜悅、興奮、恐懼。現在該怎麼辦？你會打電話給她嗎？你的腦海中一遍又一遍地重現那個場景，金的聲音及話語仍在你的腦海中，她說：「當然，有空打電話給我。」你一遍遍回顧那個場景時，情緒從歡快變成陰鬱，她說的是「當然」，不是「太棒了」或「太好了」，「當然」不像「太棒了」或「太好了」那麼正面，「當然」就只是還不錯。然後她說「有空打電話給我」，她說的「有空」是什麼意思？有空也可能意味著「不要」。噢，真是一場災難！

　　你確信金不希望你打電話給她，她或許只是想表現出自己很友善，這種讓人驚訝的快樂情況正緩慢且無疑變成你心中的災難。這就是我們所說的「事後反芻思考」，事件是獲得電話號碼，而你的反芻思考行為將這個正面場景變成負面場景。

社交焦慮症患者經常陷入這種事後處理，他們在此期間會在心中詳細回憶社交互動，這種處理通常集中在焦慮感及負面的自我知覺，他們回憶中的互動比實際的互動來得負面。結果，他們的想法受到過去失敗的回憶主導，導致問題持續存在。這種事後反芻思考往往與避免未來出現類似的社交情境有關。事後反芻思考可能與社交焦慮症誇大的社會成本密切相關。社交焦慮症患者反覆思考過去的社交接觸時，這種情況就會發生，因為他們認為不適當的社交表現會導致災難後果。事後反芻思考經常發生在一次不成功，或者不明確成功的社交接觸後，尤其是那些與高知覺社會成本（high-perceived social costs），以及負面自我知覺相關的社交接觸，因為社交焦慮症患者假定社交情境會帶來災難後果。

哪些維持因素與你最相關？

你可能理解這些維持因素的其中許多項，但人們維持社交焦慮的原因有所不同。下頁的評分量表總結所有已知的維持因素（每個因素為一項），這個量表目的是

提供指導，讓你根據與自身最相關的維持因素，更專注於本書的某些策略。

社交情境量表測量法
（Approach to Social Situations Scale）[1]

請拿出紙筆（或使用智慧型手機），盡可能為以下陳述誠實評分。從0（我完全不同意／這不是典型的我）到10（我非常同意／這是典型的我），對每項敘述的同意程度進行評分，每個相關的維持因素皆於括號標示。

1. 我相信我在社交情境面臨的期望非常高。（感知的社會標準）

   0—1—2—3—4—5—6—7—8—9—10

---

1 From Hofmann, Stefan G. 2007. "Cognitive Factors That Maintain Social Anxiety Disorder: A Comprehensive Model and Its Treatment Implications." *Cognitive Behaviour Therapy* 36: 195–209.doi: 10.1080/16506070701421313. Reprinted with permission.

2. 我常常不太清楚我想在社交情境中達成什麼目標。（目標定義）

0—1—2—3—4—5—6—7—8—9—10

3. 當我處於社交情境時，往往將注意力集中在自己身上。（自我關注）

0—1—2—3—4—5—6—7—8—9—10

4. 我往往高估社交情境可能導致的後果。（估計的社會成本）

0—1—2—3—4—5—6—7—8—9—10

5. 我認為我因應社交情境的社交技巧很差。（感知的社交技巧）

0—1—2—3—4—5—6—7—8—9—10

6. 我不太喜歡社交情境中的自己。（自我知覺）

0—1—2—3—4—5—6—7—8—9—10

7. 我在社交情境中，難以控制焦慮。（情緒控制）

0—1—2—3—4—5—6—7—8—9—10

8. 我認為人們看得出我在社交情境中感到焦慮。（感知的社交技巧）

0—1—2—3—4—5—6—7—8—9—10

9. 我通常預期我會在社交情境碰上壞事。（估計的社會成本）

0—1—2—3—4—5—6—7—8—9—10

10. 我往往在社交情境結束後繼續思考它們。（事後反芻思考）

0—1—2—3—4—5—6—7—8—9—10

11. 我常常迴避社交情境。（安全行為與迴避行為）

0—1—2—3—4—5—6—7—8—9—10

12. 我在社交情境中，常常做些讓我感覺自在一些的事情。（安全行為與迴避行為）

0—1—2—3—4—5—6—7—8—9—10

　　對上述問題的回答，將協助你確定哪些章節最能幫助你解決社交焦慮的問題。如果你碰巧對所有項目的評分較高（5以上），那麼所有章節可能都非常有益。一般而言，無論你對哪些項目的評分高於其他項目，第三章介紹專門設計的暴露策略都必不可少。

接下來的章節描述專門設計的技巧，將重點放在一些維持因素。第四章的思考工具策略有益於以下各項：高知覺社會標準（第1項）、目標定義（第2項）、社會成本估計（第4與第9項）、自我知覺（第6項）、事後反芻思考（第10項）。第五章描述的社交事故暴露技巧，是所有維持因素的重要核心要素，特別是社會成本估計（第4與第9項）。你將在第六章學到的接納技巧，對自我知覺（第6項）與自我關注（第3項）也有幫助。第七章的減少激發狀態練習，有助於情緒控制（第7項）。最後，第八章的社交技巧策略，有助於感知的或實際的社交技巧缺陷（第8項）。

值得注意的是，特定策略與特定維持因素之間不是一對一的關係，相反地，所有策略幾乎都涉及維護循環的各個層面，並希望透過體驗練習、認知練習和直接資訊來提供學習。因此，我鼓勵你學習並嘗試所有章節介紹的策略，即使你最終可能在克服社交焦慮的客製化方法裡更專注於某些策略。請記住，在所有情況下成功的關鍵是暴露，我們接下來將討論這一點。

第三章　暴露是關鍵

許多孩子都怕狗，有些孩子比其他孩子更害怕。娜塔莉就非常怕狗，每次她看到狗時，都會非常恐慌，然後躲在爸爸身後或尖叫逃跑。因此，爸爸決定幫助娜塔莉克服對狗的恐懼，採取的方式是逐漸讓她面對一些不同的、友善的狗。娜塔莉與爸爸有時去附近公園散步時，爸爸就會走到一些看起來友善的狗及其主人身邊，讓娜塔莉與狗互動。一開始，娜塔莉非常害怕，但漸漸地，她在狗身邊變得愈來愈自在，最終不再恐懼，甚至能帶著鄰居的德國牧羊犬出去散步。為什麼？因為恐懼會隨著反覆暴露而減弱，娜塔莉只是明白沒什麼好害怕。恐懼就像寄生蟲，無法獨自生存，只能透過迴避予以餵養與保護，它才能生存。

　　挑剔的讀者可能會說：「對，沒錯，這可能適用於孩子對狗的恐懼，但不適用於我必須在公司會議上報告的感覺。」另一位讀者可能會說：「這個解釋不可能是真的，因為我在日常生活經常遇到社交情境，但我的社交焦慮沒改善，反而隨著時間而惡化。」

　　社交焦慮顯然是嚴重問題，極端情況下，它可能讓

人衰弱。上述將社交焦慮與孩童對狗的恐懼比較，不是為了貶低或淡化問題。相反地，這個例子說明了減少恐懼的基本原理，這種反應在你的社交焦慮及娜塔莉對狗的恐懼都是相同的。研究表明，沒有任何迴避行為的情況下，反覆且長時間面對讓人恐懼的物體或情境，最終會導致焦慮反應減少，無論是讓人恐懼的物體或情境都適用。你還記得學開車時多麼焦慮嗎？開車不是輕鬆的事，也不是沒有危險，但多開幾次後，就變成習慣，隨著時間過去，你的焦慮神奇地消失了。然而，儘管一再暴露，許多人的社交焦慮並未隨著時間過去而減少，因為有些事情阻止該情況發生。如果這聽起來很熟悉，你或許採取了微妙的迴避行為，例如為了演講而過度準備，或者與人交談時緊緊握住飲料以避免使用雙手，其中一些迴避策略可能非常微妙。

是什麼阻止你的社交焦慮隨著時間過去而減少？那些維持因素是什麼？是什麼讓它持續存在？為什麼你還沒逐漸習慣？有兩個簡短的答案：（1）因為社交焦慮症患者不是害怕社交情境，而是害怕在這些情境被觸發

的自我特質（許多感知缺陷）（Moscovitch 2009）。（2）因為迴避與負面想法導致社交焦慮維持下去，舉例來說，如果你總是避免參加朋友的年度派對，那麼對於參加這個派對的焦慮就會持續存在，因為迴避是焦慮得以維持的主要原因。接下來，我會概述這個答案的詳細版本。

有好，有壞，有邪惡

焦慮是正常反應，它讓人有適應能力，因為它可以保護我們免受危險。從演化的角度來看，擁有社會支持也讓人有適應能力，人類在團體裡最成功。如果我們的部落或家族把我們趕出去，我們的生存機會就會大大降低，很容易成為野生動物的獵物，沒人會幫助我們建造庇護所與尋找食物。得到別人的負面評價是可能被排除在社會團體之外的訊號，因此，如果我們處在有理由感到焦慮的情況下，經歷了社交焦慮及對負面評價的恐懼，那麼它們就能讓人有適應能力（而且是好事）。無論焦慮是否能讓人適應，它始終是不愉快的經驗，因

此，我們想避免焦慮，即使它有益處。當成功避免焦慮後，例如比預計的時間還早離開聚會或根本不參加，你可能因為擺脫這種情境而如釋重負。或者因為可以停止痛苦（如果你進入該情境並使用減輕焦慮的策略），或是能成功擺脫這種情境（如果你一開始就決定不進入該情境）而感到高興。

然而，與疼痛消失或做出艱難決定後經歷的如釋重負不同，這是苦樂參半的解脫感。你可能也對自己感到悲傷、失望、生氣，或者對於未來的類似情況感到害怕和憂心。舉例來說，如果你提前離開與親密朋友的聚會，可能在第二天的大部分時間都反覆思考朋友是否想念你，或者沒有你在時，他們是否玩得更開心，即使他們一開始就邀請了你。未來你還能避免焦慮嗎？如果下次你遇到類似情況時，不能使用相同的迴避策略要怎麼辦？或者如果你下次使用這種策略的效果不像這次一樣好該怎麼辦？因此，人們過去成功迴避類似情況後，往往會對某種情況感到更焦慮。迴避是減少適應不良焦慮的不完美方法，有助於消除當前的痛苦情況，但未來類

似的情況會讓你更難受。它讓你明白自己無法解決社交焦慮的痛苦，但你其實做得到。

　　焦慮與迴避的關係如圖3所示，此圖顯示迴避行為的兩種結果，第一是鬆一口氣，這是焦慮的短期直接正面結果。然而，迴避也會造成長期的負面後果，換句話說，你將總是在這種特殊情況感到焦慮。事實上，未來你甚至可能對類似的情況感到更焦慮，只是因為你以前予以迴避。這種在進入情境之前就感受到的強烈焦慮，稱為「預期焦慮」（anticipatory anxiety）。如果你對社交情境有強烈的預期焦慮，那麼你過去很可能曾使用迴避策略，例如提前離開派對降低了焦慮，這是一種迴避的形式。人們往往沒意識到自己使用迴避策略，即使他們真的使用了。辨認出迴避可能很困難，因為迴避很聰明，非常聰明，但我們可以透過長期和／或反覆暴露於產生焦慮的情況，以擾亂焦慮迴避的循環，藉此智取。

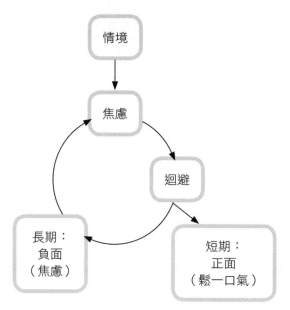

圖3：焦慮與迴避的惡性循環
（copyright Stefan G. Hofmann, 2022）

迴避就和你一樣聰明

　　你的同事問：「嘿，下班後想和我們一起喝一杯嗎？」這個問題出人意料，像子彈一樣擊中你。你非常震驚，以至於能想到的唯一回答就是「當然」；你內心驚慌失措。你同事笑著回答：「太棒了。我們大約5分

鐘後在樓下等你。」但他們邁步離開時，你聽到自己說：「喔，等一下。我忘記我必須完成明天要交的報告。很抱歉，或許下次吧。」

你的迴避又成功了，下次你會找到另一種創意方式來迴避。請記住，迴避行為可能很難辨認，這是因為你的迴避非常聰明，事實上，它就和你一樣聰明。也許確實有一份報告需要你盡快完成，總有一個原因讓你無法處於特定的社交情境。你最喜歡的迴避策略是什麼？以下例子是人們在公開演講之前或期間，為減少焦慮所做的事情：

- 由於各種原因延後或放棄演講（例如今天不是好日子；我身體不舒服；我沒時間，因為必須先完成另一項工作；我的狗拉肚子）
- 事先服用 β 受體阻斷劑（心律錠或阿替洛爾）等藥物
- 為報告做了廣泛（且過度）的準備（例如徹底研究主題及相關領域，以便準備好回答任何可能的問題）
- 熟記演講稿，並將寫得詳細的書面筆記放在面前

- 演講前進行冥想放鬆練習
- 隨身攜帶一些薄荷糖
- 盛裝打扮
- 穿戴特殊的領帶、襯衫、鞋子等
- 攜帶你最喜歡的筆

　　從局外人的角度檢視自己一會兒，並問問自己：這些行為的真正作用是什麼？你在社交情境發生之前或期間，是否經常表現出這些行為？你認為它們有助於減輕焦慮嗎？這些理由並非完全不合理，它們都有道理，因為迴避就和你一樣聰明，你的迴避總是會找到自己應該或不該做某件事的理由，其中一些理由可能比其他理由更能說服你與其他人。然而，結果是若你正受到社交焦慮所苦，意味著你正以某種方式迴避焦慮感受，就是這樣，這也是焦慮持續的最重要原因。表2是莎拉迴避策略的一些具體例子。（你可以在http://www.newharbinger.com/51208找到本表格的空白範本。）

表2│莎拉最常見的迴避策略

迴避策略	你多久使用它一次？ （幾乎從未、有時、常常、幾乎總是、總是）
為演講過度準備（像上星期一樣）	總是
隨身攜帶薄荷糖	總是
想出迴避的藉口（像上星期一樣）	幾乎總是（可以的話）
社交聚會時喝酒	常常
演講前做放鬆練習	常常
隨身攜帶阿替洛爾	常常
服用阿替洛爾	有時
完全不出現	幾乎從未
逃離該情境	幾乎從未

　　莎拉總是為演講過度準備，除非她能完全迴避這種
情境。她還養成演講時在口袋裡放薄荷糖的習慣，以免
口乾舌燥與聲音沙啞，也常在演講前做放鬆練習。她的
社交焦慮不僅限於公開演講，社交聚會也常引發焦慮，
如果她必須參加社交聚會，往往就會喝酒。儘管酒精讓
莎拉感覺自在，而且她不會飲酒過量，但這仍屬於迴避

行為，因為會讓她無法面對社交恐懼。

　　莎拉非常擅長辨識一些微妙的迴避策略，例如她能意識到自己為演講做的準備超出真正必要的範圍。她這樣做是為了減少焦慮，因此正確地將其歸類為迴避策略。這個例子恰好說明了迴避可以用許多不同方式來表達，迴避不只意味著不進入可怕的情境。正如你記得我們之前的討論，我們對迴避的定義非常廣泛，即你所做或不做，以阻止你面對恐懼的任何事。在莎拉的例子中，包括為演講過度準備（因為她以此避免面對恐懼）、隨身攜帶薄荷糖，或想出一個藉口來避免面對可怕的情況。

　　這些行為都是迴避策略，其中一些比其他行為更微妙。最明顯的迴避形式，是一開始就不進入讓人恐懼的情況（出於各種或多或少合理的原因）。其他行為（或缺乏行為）則比較難以辨識是迴避行為。然而，在每種情況下，你都會做某件事（或不做某件事）讓你無法面對恐懼。其中一些活動很容易被證明合理，甚至無需提及焦慮。舉例來說，你可能告訴自己，你只是追求完

美，因此為了報告或公開露面，你比大多數人花費更多的時間準備、研究和練習。或者你可能對自己說，你就是喜歡放鬆練習，因為它們通常有益於健康。或是，你穿著這些特別的衣服報告，是因為你很有品味，最喜歡的筆則會為你帶來好運。你知道迴避是多麼聰明了嗎？

迴避是焦慮最好的朋友

想像一下，你正坐在辦公室的電腦前上網，這是一個緩慢的早晨，你有點無聊。忽然之間，老闆走進你的辦公室，要求你與她前往一大群人聚集的會議室，她希望你在這群人面前，針對你最近參與的專案來報告，但你對此幾乎一無所知，周圍也沒有參與這項專案的其他同事，你的焦慮會發生什麼事？

假設這個情境會產生強烈的焦慮，你會在1到10的範圍內給它9分（見圖4）。你不想讓老闆失望，但決定想個藉口告訴她，你無法跟她一起去會議室，因為你必須完成一項重要專案。老闆說：「太糟了。」然後離開你的辦公室。迴避報告後，你的焦慮會發生什麼事？它

可能會很快降低，你感到如釋重負，或許還有些內疚，這是短期的正面結果。然而，結果是你永遠不知道情況會多糟糕，以及你是否能加以解決。當然，如果你讓同事和上司留下深刻的印象，就不會錯過體驗這種情境的正面結果的機會，包括提升職涯發展或帶來新的友誼。因此，未來類似的情況會產生同樣的焦慮，這是迴避的長期負面後果：如果情境重演，迴避會導致相同（甚至更深）的焦慮。

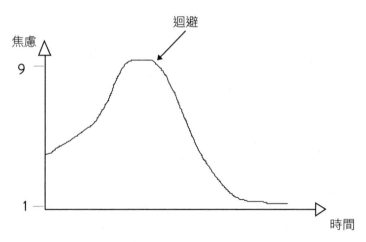

圖4：伴隨迴避的焦慮之時間進程
（copyright Stefan G. Hofmann, 2022）

如何停止社交焦慮

目前為止，我們已經討論了社交焦慮會持續多年的原因，以及為何它嚴重妨礙健康與普遍存在。接下來的章節將為你介紹可以讓它停止的各種策略。正如你記得上一章所說，焦慮由三個要素組成：行為、身體症狀、想法（圖1），這些要素相互作用並彼此滋養，從而導致問題普遍存在，這是壞消息。然而，好消息是這為改變社交焦慮提供多種可能性。

讓焦慮自行消失

現在讓我們想像一個不同的場景：老闆來到你的辦公室，要求你在很多人面前針對你不太熟悉的主題報告，你沒迴避這種情境，而是進入了會議室。人們停止說話，所有的目光集中在你身上，每個人都在等你開口，現在你的焦慮程度極高（圖5）。假設現在你站在這些人面前，每個人都看著你，等待你開始演講；你感覺到心跳加速、手掌出汗等。假設你有一臺時光機，可以按下「暫停鍵」，並維持該情境一段時間。那麼，請

讓我們按下時光機的暫停鍵。2分鐘後，你的焦慮會到什麼程度？10分鐘後會到什麼程度？1小時後會到什麼程度？（我們的時光機仍處於「暫停」狀態。）2小時後，你的焦慮會到什麼程度？觀眾滿懷期待地看著你，而你只是這樣站著10小時，你的焦慮又會到什麼程度？如圖5所示，你的焦慮最終將減少，因為無論如何，如果不迴避焦慮，它就會自行減少。

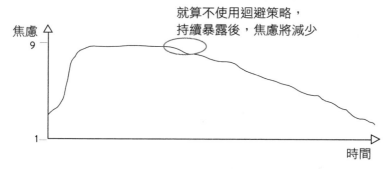

圖5：不迴避的焦慮之時間進程
（copyright Stefan G. Hofmann, 2022）

比較圖4與圖5，顯然如果你不使用任何迴避策略，焦慮需要更長的時間才會減少，甚至可能在很長一段時

間內保持在最高水準，並且波動一段時間，才會逐漸下降。然而，你的焦慮最終會自行下降，焦慮反應的減少會自動且自然發生，你的身體具有調節機制，當反覆持續地承受壓力，這些調節機制就會變得活躍。一般來說，壓力一詞，是指對於我們認為危及整體健康幸福的事件之反應。重要的是，注意引起壓力反應的是我們對事件的看法，而不是事件本身，例如結識同一位新朋友，對某些人來說可能很愉快，對一些人來說卻會很焦慮。

當一個人認為某件事造成壓力時，科學家可以觀察與測量一些典型的心理與生理變化。應對壓力的心理反應往往是情緒反應，包括興奮（事件的要求高但易於控制且愉快）、焦慮、沮喪、憤怒和憂鬱（事件被認為無法控制）。生理壓力反應是一系列非常複雜的生物機制結果，其中一些反應短暫並很快獲得解決，另一些反應則是持久的變化，目的是適應持續存在的壓力源。

應對壓力的短暫緊急變化是戰鬥或逃跑反應系統（我們討論過了），我們的身體具備該系統，讓我們遇

到危險（或更好的是：感知的危險）時，做好戰鬥或逃跑的準備。面臨壓力源（例如造成壓力的事件、任務、情境或物體）的時候，我們的身體需要能量，因此，肝臟會釋放額外的糖為肌肉提供能量。壓力荷爾蒙被釋放到血液，啟動身體的戰鬥或逃跑反應系統。結果，我們的心率、血壓、呼吸頻率和肌肉張力增加，口乾舌燥，表面血管收縮等。

這些生理變化大多是由神經內分泌系統的觸發所導致，該系統主要由下視丘（位於大腦中間的小結構）控制，下視丘控制的系統之一是自律神經系統的交感神經系統。交感神經系統直接影響我們的器官與肌肉，導致心率加快，皮膚電活動波動變大，血壓升高及其他變化。它也刺激腎上腺素與皮質醇釋放到血液，這些賀爾蒙通常被稱為「壓力賀爾蒙」，會導致心率、血壓和皮膚電活動等增加。

一段時間後，當造成壓力（產生焦慮）的情況持續存在，我們的身體開始下調激發水準，副交感神經系統（自律神經系統的兩個分支之一）變得更活躍，另一個

分支（交感神經系統）的影響減弱。結果，我們的心率降低，呼吸頻率變慢，輸送到大肌群及末梢的血液減少等。換句話說，我們的身體最終會習慣引發焦慮的情境，但當你充分體驗到焦慮時，習慣化最有效。這意味著不使用任何迴避策略的情況下，長時間維持在這種情境。莎拉與我（她的治療師）之間的對話就是好例子：

莎　拉：當我們長期遭受痛苦，進入焦慮狀態會對我們有什麼幫助？

治療師：因為每次我們經歷焦慮時，我們的反應就是試圖讓它消失，這很糟糕，因為迴避會導致焦慮持續。不迴避，焦慮就不可能存在。這樣有道理嗎？

莎　拉：但是當我們感到焦慮時，應該怎麼做？我是否就調整自己的態度，然後說：「太棒了！我感到焦慮。這太好了！我口乾舌燥，想不到要說什麼，全身發抖，臉紅，感覺很糟糕，想逃跑。」這如何能提供協助？

治療師：說得好。你的想法是什麼？為什麼反覆長時間接觸可怕的情境，會減少面臨這些情境的焦慮？你有過這樣的經驗嗎？

莎　拉：有，我有個女生朋友一直拉著我去上尊巴舞課，我真的不想去，但無法拒絕她，她真的很想跟我一起上課。雖然我確實感到非常焦慮，但它自己消失了。

治療師：非常好，為什麼它消失了？

莎　拉：不知道。我漸漸習慣了？

治療師：你能再解釋一下嗎？

莎　拉：就像你說的，焦慮會在一段時間後自行消失。

治療師：對。只要你迴避，就會在這種特殊情況下繼續感到焦慮。這不僅適用於焦慮，一旦你試圖控制情緒，情緒就會控制你。擺脫焦慮的唯一方法就是接受它，擁抱它，沉浸其中，歡迎它，如果它想留著，就讓它留著，它最終將消失。特定情況下，你經歷這種情緒的次數愈多、時間愈長、程度愈強烈，未來感到的焦慮就愈

少。你無須做任何事，就只要充分體驗焦慮，不要做任何事情讓它消失或減少。我不是說你必須學習如何享受焦慮感，焦慮是正常經驗，但讓人非常不愉快，沒人喜歡感到焦慮。這就是製藥公司生產抗焦慮藥物，而不是誘發焦慮藥物的原因，因為它們可能會賣得不好......

這個例子說明暴露療法的原則：面對恐懼，恐懼就會減少。由於長期反覆接觸而導致焦慮減少，稱為習慣化。正如我們之前的討論，這種情況發生有多種原因，此處的重點是它有效，如果你不迴避，焦慮最終將會消失，而且適用於包含人類的所有物種，沒有例外。

教你的身體一個新習慣

假設你決定不迴避老闆的要求，儘管擔心，還是跟她一起去會議室。讓我們也假設，你可以在這種情境待多長的時間（我們會讓時光機倒回，並一遍遍地重複場景）。第一次成功接觸那個情境後，你認為接下來幾次

遇到相同的情境會發生什麼事？如圖6所示，你將體驗到預期焦慮變少、最大焦慮減輕，以及焦慮減少速度更快。圖6的四條曲線代表你遇到相同的情況四次，頂部曲線顯示你第一次遇到這種情況時的典型焦慮反應，這條曲線與圖5的曲線相同。底部曲線是你多次暴露在相同情況下，而不使用任何迴避策略後的焦慮程度。你的焦慮隨著時間過去而減少，你會在這種情況下變得更自在，也將對你的表現產生正面影響。

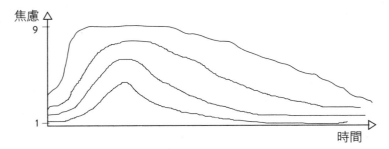

圖6：反覆接觸相同情境後的焦慮程度
（copyright Stefan G. Hofmann, 2022）

習慣化是學習過程，就像任何學習過程一樣需要時間，但你做的次數愈多，事情將愈來愈簡單，你將愈來愈意識到（a）讓人恐懼的結果不會發生，（b）如果它確實發生了，你可以設法解決它。不幸的是，這個學習過程可能非常痛苦，因為它需要你長時間處於這種情況，並且忍受極度的不安。然而，這會有回報：你的焦慮最終將減輕，你會發現自己不僅可以忍受焦慮，還能忍受讓你焦慮的事情。你愈頻繁地讓自己暴露在相同的情況下，而且不使用任何迴避策略，未來經歷的焦慮就會愈少。

讓人難以接受的是，只有重複長期暴露方能養成習慣。一次短暫的暴露無法奏效，你必須有足夠長的時間和／或足夠頻繁這樣做，才能逐漸習慣該情況，最終就會減少焦慮。如果你覺得事情不可能變得更糟糕，那就繼續吧，你將會苦盡甘來。這需要堅定信念及巨大勇氣，你很勇敢，因為儘管害怕，你仍能面對某種情境。請記住，迴避的廣泛定義是你所做或不做，以阻止你面對恐懼的任何事，這往往會發展成習慣，習慣很難辨識也難以改掉。此外，請記住，迴避與你一樣聰明，並且

常常會讓你有不想做某件事的其他理由。你的迴避總是會找到你現在不該或不能這樣做的理由，有些理由對你與其他人而言相當有說服力。但結果就是你在迴避，就是這樣。

做出有依據的決定

迴避是一種選擇，不迴避也是一種選擇。兩種選擇都會產生後果，還記得迴避的短期後果與長期後果嗎？（請再看一下圖3。）迴避的短期後果是鬆一口氣，長期後果是焦慮持續存在。相反地，暴露的短期後果是痛苦，長期後果是消除焦慮。因此，迴避與暴露都會導致短期後果與長期後果，然而，只有迴避的長期負面後果才是問題的原因。表3總結了暴露及迴避的不同後果。

表3 | **暴露及迴避的短期後果與長期後果**
（copyright Stefan G. Hofmann）

	短期後果	長期後果
迴避	鬆一口氣	焦慮持續
暴露	痛苦	焦慮消除

因應焦慮的方式完全取決於你，快速而簡單的處理方式（透過迴避）導致問題持續存在，並且往往惡化。相比之下，困難的方式（透過暴露自己）起初非常困難，但隨著時間過去會變得愈來愈容易，最終焦慮消除。如果你迴避，焦慮會控制你，但如果你暴露自己，就踏出了控制焦慮的第一步。

　　語言學家與傳播學家喜歡說不溝通是不可能的事，一旦你把兩個人放在同一個房間，總會有某種形式的溝通在進行：有些訊息是透過言語傳達，有些則是透過臉部表情與手勢等非言語形式傳達。如果你不斷收到某人發來的討厭電子郵件，而且決定不回覆，儘管你通常會立即回覆電子郵件，其中傳達的訊息是「我就是忽略你（你這個混蛋）」。四歲的兒子一再問你：「我可以吃點冰淇淋嗎？」你多次明確拒絕他之後，開始不理會他，你傳達的訊息可能是「現在安靜，否則爸爸會生氣」。行動或不行動具有許多不同的意義，並且只能透過了解意圖與情境背景才能理解。有趣的是，決定不回應問題或挑釁，與直接回應具有相同的意義。

面臨讓人恐懼的情況也可能被視為挑釁，同樣地，如果你認為迴避只是意味著延後某件事，那就錯了。每次迴避時，對自己與其他人傳達的訊息是，焦慮比你更強大；每次迴避，就是決定放棄無焦慮的獨立自主生活，轉而選擇受焦慮控制的生活。每次不迴避，表示你很勇敢，選擇了艱難的道路，目標是讓自己未來擺脫焦慮。你可以將其比喻為棒球賽，每次迴避，焦慮（對方球隊）就得分，這意味著你必須在這一局更努力，愈是迴避，贏得比賽就愈困難。換句話說，迴避不只是延後決定，而是意味著為你的焦慮做出決定，並反對獨立自主的生活。

　　因此，你嘗試運用本書的過程中，請將這件事當成接下來幾週的優先事項：目前最重要的事就是解決社交焦慮，就算你的狗拉肚子也不會更重要。你會有許多收穫，但沒什麼能失去的東西。因應焦慮的新方法，不只讓你在社交表現場合感覺更自在，其意義遠不止於此，它需要生活方式的改變。明確拒絕迴避也意味著選擇艱難的道路，目標是在未來擁有更好的、沒有焦慮的生

活。這幾乎適用於生活中的所有方面，因此下次你迴避時，請注意，你同時也選擇了焦慮控制的生活，反對免於焦慮的生活。

迴避可能很快就會在你耳邊低語：「不要聽這本書的話，不要做暴露練習，那沒有效。」在這種情況下，請叫迴避閉嘴，並且表示無論如何你都會這樣做，因為除非你試試看，否則永遠不會知道結果。請試一試，除了迴避與焦慮之外，你沒什麼可失去的東西。

現實的暴露是最好的選項

最有效的暴露是現實生活中的暴露。現實情境無敵，但接觸近似現實生活的事物可能也有幫助。在鏡子前或貓狗面前排練演講，總比什麼都不做來得好，如果你能說服朋友充當觀眾，就更好了。許多專門從事虛擬實境的公司，允許用戶進行虛擬實境暴露。在虛擬實境暴露期間，你戴著耳機，電腦顯示了讓人恐懼的情境的虛擬場景，例如教室。這可能有益，尤其是作為邁向現實的第一步，如果你進行虛擬暴露，請確保創造引發焦

慮的情境，然後直接面對焦慮，不使用任何迴避策略來減輕恐懼。另一種修正的形式是「想像暴露」，即反覆接觸可怕的圖像，這裡有個例子，請閱讀下方段落，並盡可能清楚地描繪場景：

你必須在一大群同學面前報告，每個人都看著你，等待演說開始。面對觀眾時，你感到強烈的恐慌。你口乾舌燥、覺得很熱且面紅耳赤。你的手心冰冷、流著汗，心臟怦怦跳，還感到頭暈目眩。面對觀眾時，你覺得負面想法讓你難以承受。

現在請閉上眼睛，用數分鐘的時間盡可能清楚地想像這個場景。

想像這種情境時，你可能會體驗一些不安的感覺。我們知道想像可怕的情況，會產生與現實情況非常相似的反應，儘管不那麼強烈。人們清楚想像場景的能力各不相同，想像的場景愈清楚，感覺就愈接近現實。

心理學家利用想像暴露原理，要求患者盡可能清楚

地反覆想像可怕的場景。這些暴露可以為你提供實踐一些策略的機會，我們將在稍後更詳細地描述。

檢驗你的假設

讓自己暴露在令人恐懼的情境中，使得你有機會檢驗信念，看看可怕的後果是否會發生。因為你一直迴避在這些情境下充分體驗焦慮，所以從來沒給自己機會看看實際發生什麼事。暴露奏效不只是因為你習慣了，也是因為它為你提供機會來檢驗信念，並檢視情況的實際「危險」。只要你因為害怕遭到拒絕而避免與同事交談，就永遠不知道這個人是否真的會拒絕你！

只有親身接觸情況，才能知道是否確實如你預期般糟糕，而且萬一真的那麼糟，你才知道自己是否有辦法處理。因此，即使同事拒絕你，那又如何？當然，這讓人不愉快，但生活將繼續，這個世界上有很多人願意與你交談，不會拒絕你。因此，暴露為你提供了檢驗一些負面預測的機會，並讓你了解什麼都不會發生。為了讓暴露奏效，你必須充分體驗反覆的長期焦慮，考驗負面

想法，並放手一搏。除非你嘗試，否則永遠不會知道。關於這一點，稍後我還有很多要說的事。

　　長時間的反覆接觸會讓你意識到，你的社交技巧並不像自己最初想像的那麼糟糕，也將增加你的自信。當你開始學習因應情境及焦慮的新方法，你對情緒與情境的控制感也會增強。眾所周知，缺乏控制會導致痛苦，此外，根據證實，反覆經歷無法控制與不愉快的情境可能導致焦慮和憂鬱。相反地，增強的控制感會改善你的情緒和自信。如果你在社交情境中反覆迴避焦慮，就會認為這種情境超出控制，並相信控制它的唯一方法就是迴避（出於我們上面討論的原因，這是最糟糕的因應策略）。透過接觸這種可怕的場合，你將學會過去不知道的方法來因應焦慮。

　　對於你及其他有社交焦慮的人而言，暴露有效的原因之一是，你了解到自己的社交技巧根本不像你想像的那麼糟糕（事實上，還可能意識到它們其實相當好），換句話說，你的自我效能提高了。因此，收到關於你的社交表現的一些（誠實）回饋很重要，如此一來，你可

以評估自己的社交技巧。很有可能，連需要改進的地方（如果有的話）也很少。

　　總之，我在本章概述為何暴露是克服讓人虛弱的社交焦慮的關鍵策略，你了解到焦慮本身其實不是主要問題，迴避才是，而且是我們必須瞄準的目標。如果你不迴避，焦慮就不會持續。我們將迴避定義為你所做或不做，以阻止你面對恐懼的任何事。有些迴避顯而易見，有些迴避的形式微妙且難以發覺，它很聰明（和你一樣聰明），然而，一旦我們發現它，就能對抗並予以消除。迴避在短期內讓人鬆一口氣，但長期而言會造成災難後果；如果你迴避可怕的情境，你的焦慮短期內會減輕，長遠來看，迴避會導致焦慮持續存在。因此，迴避是焦慮最好的朋友，焦慮只會因為迴避而持續存在，這也意味著解決焦慮最有效的方法是對抗迴避，而且可以透過重複和／或長時間暴露來消除迴避。這些暴露的做法並不讓人愉快，但長遠來看，它們是有效減少並最終消除社交焦慮的唯一方法。長時間反覆接觸可怕情境的妙處在於，這些變化不僅限於目標暴露情境（例如在星

期三的會議上演講時變得更自在），甚至不限於特定類型的情境（公開演講的情境）。相反地，這些變化通常會擴及許多可怕的社交情境（例如在晚宴上敬酒、約會、參加會議）。因此，反覆暴露會擴大與拓寬生活。透過暴露，你承受了一些短期的痛苦，目的是為了獲得長期自由。

第四章

辨認與改正思維錯誤

我真是白痴，我會讓自己出醜，我糟透了。當你讀到這些文字時，有什麼感覺？不開心，對吧？你站在觀眾前或與某人共進晚餐時，心裡想著這些話就會感覺更難受。我們的思考方式對情緒反應造成巨大的影響，我們的思維過濾這個世界。事實上，我們的情緒不是由情境本身造成，而是由我們對事件的看法、期望和詮釋。假設你在街上看到鄰居，你看著她的眼睛，然後輕聲打招呼，但她沒回應，就只是從你身邊走過。你有不同的方式來詮釋該情況，從而導致不同的情緒反應。也許你認為她沒注意到你，你可能覺得她的漫不經心很有趣；也許你認為她對你不高興或生氣，這可能讓你擔心；或者你認為她因為不喜歡你而忽視你，這會讓你感到難過。根據你對相同情況的詮釋方式，就會產生不同的感受。

你在本章學習的工具，將教你如何識別與改正導致社交焦慮持續的一些思維模式。這些工具有效針對社交焦慮持續下去的多個認知層面，也稱為維持因素（請參閱第二章的圖2：社交焦慮症的持續），包括你往往將

注意力集中在內心，這可能導致你在社交情境注意到自己不喜歡的個人方面。你將學習策略以改變對自己的負面看法，並對真實的自己感到自在，並且意識到別人並未與你有相同的負面看法。你將學習的思考工具也會針對你的信念，即你認為社交事故將帶來災難後果，而它們不會。最後，思考工具將幫助你停止反芻思考過去的社交互動，不僅是負面層面，還有模稜兩可的層面（可解讀為正面或負面的事物），而你可能往往負面解讀模稜兩可的層面。然而，這無濟於事，而且會讓情況變得更糟。本章包含許多內容，那麼就開始吧。

古希臘哲學家愛比克泰德（Epictetus）以一段陳述總結了這項觀察：「人們不是受到事物感動，而是受到他們對事物的看法感動。」換句話說，只有我們認為自己有理由感到焦慮、憤怒或悲傷，才會焦慮、憤怒或悲傷。古羅馬皇帝（兼斯多葛學派哲學家）馬庫斯・奧理略（Markus Aurelius，公元121年至180年）表示：「如果你因為任何外在事物而感到痛苦，這種痛苦並非由於事物本身，而是源自你對它的看法，而你有能力隨時撤回

這種看法。」他說的「看法」指的是「詮釋」，正如我們之前討論的一樣，詮釋可以影響我們經歷的痛苦或焦慮，但馬庫斯·奧理略更進一步表示，我們有能力否決我們所做的詮釋。這意味著我們可以對自己的想法採取一些行動，有能力放慢速度並察覺我們的自動思維，然後評估它們是否切實可行。

因為思考可以是自動的，而且你長期一直以相同方式思考，所以最初可能很難學會這些技巧。學習觀察自己的思維是一項需要耐心與實踐的技巧，起初很難放慢腳步並觀察想法，但請繼續努力，你不孤單！請記住，你可以將焦慮的感覺當成信號，表明在表面之下可能存在自動化、非理性、焦慮的思維，這些思維需要檢視。關於某些可能的不良結果的想法，是人們感到焦慮的主要要素，而且往往導致與焦慮相關的身體感覺和行為。因此，即使你沒意識到那些想法究竟是什麼，你可以將感受當成指標，提醒自己是時候放慢速度並專注於你的想法。如果持之以恆，你會開始注意到更多的模式，你的自動思維也會變得更容易被發覺。

自動思維就像習慣，而習慣很難改掉。這麼想吧：如果你多年來一直認為人們不喜歡和你在一起，那麼就必須付出努力才能意識到，有些人確實喜歡和你在一起。然而，首先你必須了解這些自動模式，測試它們是否正確，必要時加以改變，然後開發更適合的替代模式。舉例來說，如果你總是迴避參加宴會，請開始問自己為什麼會這樣，以及你擔心什麼。如果你認為是因為沒人願意與你交談，請嘗試並開始參加派對。若是參加了許多派對，但沒人與你交談，你就知道自己是對的，但如果這種情況沒發生（我敢說是這樣），那麼是時候用新的（好）習慣取代舊的（壞）習慣了。這意味著你應該開始參加派對，並與人們交談！稍後我們將進一步討論自動思維的本質。

　　已故的知名精神科醫生、賓州大學教授亞倫・貝克（Aaron T. Beck）採用這項原則治療情緒障礙，包括社交焦慮症（Beck and Emery 1985）。由此產生的「認知行為療法」已成為當代最有影響力的療法，認知行為療法首先成功應用於憂鬱症的治療，接著擴及幾乎所有精神障

礙的治療（Hofmann et al. 2012）。社交焦慮症的認知行為療法模型由理查·海姆伯格（Richard Heimberg）、黛博拉·荷普（Debra Hope）、羅納德·瑞皮及其同事首先開發，並執行系統測試（Heimberg et al. 1990; Rapee and Heimberg 1997）。如果沒有他們開創性的研究工作，本書描述的許多原理不可能實現。

認知行為療法的「認知」一詞，意味著治療主要集中在思考過程。然而，認知行為療法不代表治療僅限於改變我們的想法或認知。它只是意味著治療師透過認知來了解案主的情緒，案主的情緒與行為反應一樣重要，有效的認知行為療法針對情緒障礙的各個層面，包括情緒經驗、行為和認知。具體來說，認知行為療法包括知識、經驗和行為方法，這些都是治療的重要層面。知識方法的其中一部分是學習辨認錯誤的想法，測試想法是否正確，並用更合適的概念代替。經驗方法讓你親身體驗，以改變錯誤的想法。行為方法的核心要素是特定行為方式的發展，這些行為方式會導致你對自己和世界的看法發生更普遍的變化。

為了簡潔說明該療法應用於社交焦慮症，讓我們回到這個場景：老闆要求你在一大群人面前針對你不太熟悉的主題報告，有些想法可能讓你非常焦慮（例如我必須發表一場完美的演說，不應該表現出任何焦慮，否則老闆會對我非常生氣）。其他想法其實可能減少你的焦慮（例如每個人發表這些演說前都會緊張，我可以犯一些錯誤，而報告仍然能順利進行，人們甚至可能沒注意到我的焦慮）。你的焦慮在一種情況下可能容易失控，而在另一種情況下，你的想法可能會讓你平靜下來。根據你的感受與想法，你的行為也會有所不同，焦慮的想法將讓你想迴避，非焦慮的想法將讓你有動力。因此，你的想法直接造成情緒與行為，當然，你的行為會影響想法與感受，而感受也影響想法與行為。

自動思維

思考有個重要的目的，可以幫助我們評估情況，快速做出判斷，形成潛在的解決辦法，並斟酌如果我們以某種方式行動可能會發生什麼事。事實上，我們很依賴

思考，以至於有時幾乎沒意識到自己正在這樣做！這就是我們意指的自動思維，認知治療師將這些想法稱為「自動」，因為它們可能在無意識（或幾乎無意識）的情況發生，這些自動思維往往導致對現實的扭曲，因為它們造成誤解或誇大情況。

自動思維發生迅速有其原因：快速思考的能力讓人有適應力，你每天都做出數百個決定，包括吃的食物、穿的服裝、上班或上學的交通方式、工作中要做的計畫、聽的音樂、看的電視節目、睡覺時間……你明白了，對大腦來說，有很多資訊需要整理！如果思考過程審慎緩慢，會讓我們花費太長的時間，導致無法評估情況並確定行動方案。大多數時候，自動思維對我們非常有效，它對大腦來說沒那麼費力，讓我們能評估社交情境，形成快速判斷，並做出有效決定。

然而，有時自動思維造成意外的問題，換句話說，大腦會形成導致錯誤與不合理結論的一些捷徑。一個例子是你在街上看到鄰居，她似乎無視你或沒看到你。在第一種情況下，你貿然斷定「她不喜歡我」，而第二種

情況是，你認為她心不在焉。這些心理捷徑讓我們可以有效率地思考，但它們容易導致偏差，促成刻板印象與偏見等。請想像一下，你必須為朋友的五歲女兒購買生日禮物，你假設她想要洋娃娃而不是玩具車，儘管這可能是相對溫和的例子，但刻板印象有時可能有害，因為它們是過於籠統的假設。同樣地，心理捷徑也可能導致思維偏差，進而帶來問題性的焦慮。

思維錯誤

我們知道，無法保證你面臨的每種情境都會成功。事實上，提供正面但毫無根據的自我溝通（我確信我的演講會很棒）可能只會增加壓力，並提供不切實際的表現標準。這種類型的自我溝通，可能與焦慮個體更典型的負面認知一樣不準確。我們的目標並非時時刻刻都要正面思考，而是更現實且準確地評估自己的能力，以及面臨的情況帶來的實際威脅。

負面預測在具有其他焦慮問題的個體很常見，與焦慮症相關的無益想法稱為適應不良的認知，往往是對於

未來危險或威脅的看法（例如即將發生什麼事）。如果你患有社交焦慮症，關注的焦點通常是公眾審視與隨後負面評價的後果（沒人會喜歡我，我會出醜），以及對情況或症狀的失控感。焦慮認知的另一個特徵是它們往往是自動或習慣性地發生，因此你輕易就喚起這樣的想法，它們通常立即發生，有時則是對微妙提示的反應。

這裡的目標不是正面思考，而是更現實、更具適應性地思考。適應性思維（adaptive thinking）不僅為你提供更現實的視角，也引導你制定因應策略來處理當前的情況。如果情況確實非常糟糕，而你有充分的理由感到難過，那麼就應該難過，除非你拒絕面對現實。舉例來說，失去親人、嚴重的個人財務危機、嚴重的健康問題，都是難過、壓力沉重、焦慮和悲傷的好理由。然而，儘管在同事面前發表糟糕的演講可能是讓人不愉快、尷尬的事情，但這不是災難；與真正的災難相比，這確實沒什麼大不了。此外，大多數情況下，你對自己社交表現的看法遠比其他人的看法來得負面。例如有些人可能假定是你很累，因為他們認為你總體上是出色的

演講者，因此，實際情況可能沒那麼糟糕，但正是你對情況的評估，讓你無緣無故感到難過。為了理解你對當前情況的想法、看法和期望有多實際，你必須檢驗自己的預測，如果老闆或聽眾真的像你最初預期的那樣懷有敵意，那麼你下次就有充分的理由迴避這種局面。但如果不是，你的擔憂就是不切實際與適應不良。

我們常常極難辨識自己的想法，如果不是因為它們是我們個性的一部分，就是因為它們在我們沒有意識到的情況下發生。思維錯誤是失功能信念（dysfunctional beliefs）或負面的自動思維。失功能（或者非理性、適應不良）的信念是我們對於世界、未來和自己的基本假設，這些全面的首要信念提供了基模（schema），決定我們如何詮釋特定的情況。舉例來說，你可能認為自己必須總是有趣、聰明和風趣，除非每個人都喜歡你，否則你就沒有價值，或者認為自己在演講後必須為每個問題準備完美答案。

認知治療師將這些想法稱為失功能信念，因為它們導致你對情況持有偏見與缺陷的看法。這種失功能信念

不僅會讓你對公開演講的情境感到非常焦慮，還會在許多其他情況下感到沮喪和憂慮。結果，你可能因為對批評、反對和拒絕感到焦慮，而迴避人際接觸，並且可能認為自己能力不足，所以覺得自己比別人差，或者在新的人際情境受到壓抑。這些信念讓你陷入麻煩，因為你為自己設定了不切實際的目標。當你焦慮時，這些失功能信念會在特定情況下，造成負面的自動思維或圖像，這些思維是失功能信念的具體表達。例如面對觀眾時，你可能想著其他人會認為我很無趣、我會讓自己難堪，或者其他人會認為我很愚蠢。

如果你認為除非自己很有趣，否則會被其他人排斥，那麼「其他人會認為我很無趣」這種特定的自動思維就會引發焦慮。以下是一些相當典型的自動思維錯誤（改編自Burns 2020）：

- **情緒化推理**：有時我們會將「感覺」對自己構成威脅的想法，當成不容更改的準確事實。事實上，大腦天生就會認真對待威脅資訊，因為忽視它可能危及生

存。根據感覺而不是事實來分析我們的情況，就稱為情緒化推理。當你進行情緒化推理時，會根據自己的感受做出錯誤推論，例如你可能認為每個觀眾都必然認為你無能又可憐，因為你覺得自己就是非常無能和可憐。

- **非黑即白的思維**：生活中很少事情是永遠美好或永遠糟糕，這其實取決於情境。儘管現實由不同的灰色地帶組成，但你認為它不是黑色（糟糕），就是白色（美好），沒有灰色地帶。如果你的表現不是相當完美，就會認為自己徹底失敗，舉例來說，如果一位觀眾打了呵欠，你的結論就是每個人都覺得你的演講無聊透頂。除非事情進展非常順利，否則你的結論就是事情完全錯了。

- **個人化**：你將負面的社交事件視為針對你，舉例來說，你可能確信打呵欠的聽眾認為你是世界上最無趣的講者，儘管他們打呵欠或許只是因為昨晚沒睡飽。

- **專注於負面事物**：你挑出一個負面細節，無視任何正面的面向，結果你對現實的看法變得陰鬱，就像一滴

墨水讓整桶水變色一樣。舉例來說，即使許多聽眾都非常專注與感興趣，但你仍然認為自己是世界上最無趣的講者，就因為有一位觀眾睡著了。

· **否定正面事物**：如果沒有負面結果，而且情況其實進展相當順利，你可能就會低估正面事物。舉例來說，也許你堅持認為自己能表現得好是因為任務很簡單，或是因為那天你很幸運，或者因為這些特定的聽眾非常友善，但你駁斥將成功歸因於自己的能力或努力的任何解釋。

· **妄下結論**：即使沒任何有力的證據支持，你仍對事件做出負面解讀，例如預期自己的演講會是災難，並且確信這個預測是既定事實，也稱為「預言者偏誤」（fortune-teller error）。你可能也得出結論，某人會對你做出負面反應，即使沒有明確證據證明該假設，例如你可能無緣無故地得出結論：人們不喜歡你，或者他們認為你無能與無趣等，這也稱為「讀心謬誤」（mind reading error）。

· **過度類化**：你非常激動，因為你將單一負面事件視為

永無止境的模式。例如一次糟糕的演講不意味著你是糟糕的演講者，不代表你應該選擇不同的職業；分手不意味著你們無法當朋友，而遭到一次拒絕不代表你不討人喜歡。

- **災難化**：同樣地，在災難化的過程中，你會對一些不重要的事情小題大作，並且把事情誇大了。舉例來說，你可能認為因為工作時搞砸了某個特定的報告，老闆就會解僱你，然後你將永遠無法找到另一份工作，你會付不出房貸、與妻子離婚，最終流落街頭，餘生都在翻垃圾桶。

監測思維，察覺思維

察覺到負面自動思維的最有效方法，是在它們可能出現時密切注意。最簡單的方法，是在引發焦慮的社交情境前後監測你的想法。嘗試密切監測你白天遇到的任何可怕社交情境，以及關於這些情況的想法。一旦你辨認出自動思維，就必須「測試」以確定這些擔憂是否合理。如果它們「不合理」（因為它們未反映現實），你

可能想改變它們，並對社交情境採取更現實的評估，我們稍後會談到這一點。

讓我們跟著莎拉度過特別可怕的一天。上午九點，她必須在家長教師會會議上演講，按照0至100分制，她的焦慮程度已經達到50分，她心想：如果我把事情搞砸了，他們會認為我無能，這會影響兒子的教育。這是災難化的好例子，她過度誇大（因為這不太可能影響她兒子的教育）某件不愉快的事情（搞砸了演講）。為了確保這種情況不會發生，她在前一天準備好演講並寫下來（我們稱之為一種迴避形式，因為它是為了降低焦慮的策略）。

她原定中午要參加公司的午宴，因為害怕，就找了藉口不去。這種明顯的迴避讓她的焦慮降到20分。回想起來，她感到不自在，因為她認為人們可能注意到她缺席，這是情緒化推理的例子（我感到焦慮，所以情況一定很危險）。

下午她要對新來的實習生做簡報，正如為家長教師會會議所做的那樣，她在前一晚做了充分準備，但在簡

報期間她仍然非常焦慮（0至100分制的70分）。因此，她決定暫停以減輕焦慮，她的理由是請實習生休息一下。她心想：如果我的簡報不完美，他們會認為我能力不足，這將對我們的工作關係造成負面影響（災難化與妄下結論的例子），而我是徹頭徹尾的失敗者（非黑即白的思維的例子）。她還想著：這次簡報完全是災難（否定正面事物的例子），我不適合這份工作；我就是非常糟糕的演講者（過度類化的例子）。到頭來，她筋疲力盡，更糟的是，她情緒低落消沉，甚至厭惡自己，真可憐！她只想鑽進洞裡消失。這些例子讓你知道，思考與行為方式會對感受及自我意識（即看待自己的方式）產生巨大影響，它會讓你感到痛苦。但它是雙向作用，另外也有一種方法可以讓你擺脫困境並振作起來。

適應不良的思考方式

讓我們更深入研究適應不良的思維，你是否注意到這些思維錯誤有某種模式？這些錯誤都是由於你之前學到的一種或兩種思考方式：機率高估（高估不愉快事件

發生的可能性）、災難化思維（誇大讓人不愉快的事件）。舉例來說，社交焦慮症患者往往認為，他們很可能以無能與難以容忍的方式表現，那些行為一定會導致災難後果，包括失去地位與價值，並受到社會排斥。換句話說，社交焦慮症患者高估讓人不愉快事件（他們的行為不當）發生的可能性，即使他們確實行為不當，也誇大了事情的嚴重程度。你可以透過問自己以下問題來辨識這些思考方式：

1. **我有什麼證據證明這個信念正確？**

   舉例來說，莎拉擔心自己搞砸晨會的演講，人們會認為她無能，從而影響兒子的教育，而沒證據顯示她的演講表現與兒子的教育有關。

2. **根據我過去的經驗，這種讓人恐懼的結果實際上多常發生？**

   莎拉先前多次在類似情境發表演講。目前尚不清楚「搞砸演講」對她到底意味著什麼，但讓我們假設這代表她結結巴巴地說一些語無倫次的句

子。這不是第一次了，也沒發生可怕的事。

3. 可能發生的最壞情況是什麼？

就是人們聽了一場糟糕的演講（如果他們專注的話），但世界仍在運轉。大家都經常搞砸事情，最終人們會原諒並忘記。

4. 如果這種最壞的結果發生，我能應付嗎？

無論事情變得多麼糟糕，人們都具有驚人的適應能力。我們通常低估自己的足智多謀，而且似乎沒意識到自己處理事情的因應技巧。壞事不太可能發生，即使確實發生了，我們通常會找到解決辦法，然後生活仍繼續下去。

前兩個問題指出與機率高估相關的思維錯誤，如果人們根據模糊的線索，相信不太可能發生且讓人不快的事件（例如失業、失去朋友、離婚）也許會發生，那麼就犯了導致機率高估的認知錯誤。舉例來說，一名員工擔心在同事面前發表糟糕的演講會危及與他們的關係，而且同事會認為她無能；或許她還擔心，這樣一來，自

己會因為壞名聲而被要求離職，並且無法找到另一份工作。

問題三與問題四指出了災難性的思維錯誤，如果讓人不快的事件確實發生，但該事件的負面層面被過度誇大，這些錯誤就會出現。這種思考方式的典型例子可能是：這是發生在我身上最糟糕的事情，我將不得不辭掉工作，最終會沒有錢，也沒有朋友。

如果你是焦慮的人，可能會經常犯一些思維錯誤，導致機率高估。舉例來說，假設你與伴侶約好某個時間（例如下午五點三十分）在家中碰面，你正在家裡等待，時間來到了六點三十分。你的伴侶遲到了，遲到的可能原因很多，他可能遇到交通堵塞，或者不得不加班一下，或者……他遭遇可怕的車禍，倒在路邊某處，失血而死。最後一種可能性是機率高估的例子，這是不太可能發生且讓人非常不愉快的事件，會對你造成巨大的痛苦。

我們再舉一個例子，請想像你獨自在家，漫長的一天結束了，你準備放鬆。室友晚上不在，預計不會太快

回來。你剛吃完晚餐，正要坐下來看電影時，突然聽到關門聲（改編自Beck 1976），此時此刻，你的腦海中浮現什麼？這種情況下，你會自動想到什麼？也許室友提前回家，這可能令你關心或驚訝；也許有人闖入屋內，這可能引起恐懼；也許風把門吹上了，你可能就不在意。正如你所見，根據自身的想法，可能對同一種情況產生數種情緒反應，該情況本質上不明確，生活中的許多情況也是如此。因此，你對某種情況的感受，取決於想法及得出的結論。如果該情況發生時，你正在看恐怖電影，可能會貿然斷定有人闖入家中。因此，情境很重要，會影響你的自動反應。當人們長期處於焦慮和緊繃的狀態，更有可能對模糊的情況產生焦慮的想法。這是因為身體處於緊繃狀態時，它會向大腦傳送回饋，表示出現了問題，長期焦慮和緊繃會增加焦慮的想法出現的可能性。

讓我們更深入地研究這兩種主要的思考方式。

機率高估

對於有各種焦慮（包括社交焦慮）的人來說，機率高估是常見的思維錯誤。提醒一下，機率高估意味著你會對不太可能發生的事件，做出不準確或不合理的預測，落入這個陷阱的人會誇大壞結果發生的可能性。你可以思考有利與不利焦慮想法的證據，估計負面結果發生的實際機率，並產生替代的解釋及更高的可能性，藉此對抗機率高估。

機率高估的常見例子是害怕搭飛機，因為飛機可能墜毀。對於經歷過這種恐懼的人來說，墜機的可能性或許相當高，但航空旅行是極安全的交通方式。根據我在網路調查，過去十年，商業客運航班大約發生三百起空難事件，這個數字看起來很高，但每天估計有十萬次航班，每年有三百五十萬次航班，因此，過去十年飛機失事發生的機率約為0.0000004，也就是不到百萬分之一。相比之下，每年每兩千五百人之中，就有一人噎死。因此，從統計數據來看，外食應該比搭機更可怕。你可能知道接下來要說的話：雖然空難可能發生，但可

能性極低。

　　許多社會威脅也是如此，真正糟糕的結果並非不可能發生，只是通常機率不大。社交情境比搭飛機複雜得多，而且搭飛機比演講後更容易確定壞結果是否確實發生；如果飛機沒墜毀，那麼你的預測就是百分之百錯誤。然而，你如何確定自己是否搞砸一場演講？就莎拉的例子而言，如果她真的搞砸了，該如何確定這是否會影響兒子的教育？在這個例子裡，想法的可信度比事件是否發生的可能性更合適。可信度體現了可能性，不止於此，它還可以讓你跳脫思維，以批判的方式評估事件發生的可能性、現實性和合理性。

　　總而言之，對抗焦慮想法不等於「正面思考」，或者用「好」想法取代「壞」想法。事實上，這個練習的目的，不是為了產生另一個方面的偏見想法，相反地，我們的目標是研究有利與不利自動思維的證據，然後提出更現實、更具適應性的替代方案。

169

挑戰機率高估

為了對抗機率高估，你必須放慢速度，透過考慮所有可用的事實與可能性，以批判方式檢視你的判斷。這可以幫助你避免妄下結論或做出過於廣泛的概括。考慮其他可能性並評估證據至關重要，因為基於情緒化推理的判斷及預測很可能帶有偏見。

以下是對抗機率高估的五個具體步驟，執行這些步驟時，你可能發現某些初始步驟或多或少有用，甚至對於某些想法來說變得多餘。如果發生那種情況，那麼就執行對你最有效的事。

步驟一：放慢速度並注意。第一步是放慢速度並注意腦中發生的事。自動思維是對於發生在你身上的事情的快速反應，你往往只專注於情況的某些方面，而忽略其他許多方面。一旦給自己一些時間注意與觀察你的想法，就能更準確地看到反映現實的全貌。

如果一個想法讓你感到焦慮，在某種程度上你必須相信自己有理由感到焦慮，而且將這種情況解釋為威脅。然而，想法是關於現實的假設，它們與現實不同，

因此，一旦觀察到自己的想法，就寫下來，將想法轉化為文字，即使這些文字只是近似你的想法。有時，想法不是口頭陳述，而是難以描述的圖像，儘管如此，請仍然嘗試用語言說明想法。例如莎拉寫下在家長教師會會議上的想法：如果我把事情搞砸了，他們會認為我無能，這會影響我兒子的教育。她將這次會議恰當地標記為災難，因為她誇大了該會議對兒子教育的潛在危險。

一旦你辨認出一個想法，請思考實際上你相信這個想法的程度。如果一個想法看起來非常接近現實，那麼就比較可信；相較之下，如果一個想法似乎不合乎現實，那麼就不可信。舉例來說，有觀眾非常不喜歡你，以致他們朝你扔東西，這種想法可能讓人非常焦慮，但它似乎非常不可信。

要確定一個想法的可信度，請問問自己，根據0（完全不可信）至100（完全可信、絕對正確）評分制，這個想法的可信度得分是多少？一開始，尤其是在更焦慮的時刻，你可能將自己的想法評為非常可信（75到100分之間），但你反思時，其可信度可能降低。這相

當正常，我們往往將想法當成事實，即使它們只是假設，可信度評分將闡明這種差異。

　　步驟二：檢視有利與不利該假設的證據。現在讓我們開始檢視這個想法的正確性，將有助你更理性地思考，並減少情緒化思考。證據是基於可以向法官提供的事實及客觀資訊，而不是毫無根據的意見。檢視支持或反對一個看似自然結論的假設的證據需要靈活彈性，這可以透過從另一個角度看待事物來實現。例如將自己置於獨立觀察者的角度，另一位沒參與社交互動的人會如何看待這種互動？

　　這可能帶來挑戰，因為它必須考慮不那麼自然或自動的替代想法。我們自然地傾向於尋找有利自我信念的訊息，忽略或低估那些不利的訊息，這種現象稱為確認偏誤（confirmation bias）。當我們遇到造成問題的焦慮時尤其如此，但請堅持下去，請對自己有耐心，特別是剛開始的時候。取得別人的觀點，可以幫助你產生更客觀的證據。

　　步驟三：探索替代可能性並評估其證據。請考慮其

他解釋，再說一次，這是困難的技巧，對大多數人來說，並非天生就會。大多數人感到焦慮時，不習慣以謹慎理性的方式思考，然而，這是使用這項技巧最重要的時候，因為此時最可能帶有偏見思考！讓我們將其應用到一個例子：莎拉提前離開了派對，她的想法是他們可能將注意到這件事（這是一種情緒化推理的形式，因為她把感覺當成思考基礎）。然而，讓我們思考一些問題，以幫助我們制定替代可能性：

· 另一個結論可能是什麼？
· 還有什麼可能導致該事件？
· 中立的觀察者會怎麼想？

也許人們認為莎拉必須提前離開聚會，是因為她有其他事情，或者身體不舒服或她累了，而不是因為她焦慮。事實上，大多數人可能根本沒注意到她已經離開，而且那些人可能沒想太多。（後一個問題是針對災難化思維，我們很快就會討論這一點。）

步驟四：澄清結果並確定真實機率。現在你可以確定或計算真實機率。莎拉注意到這個想法：「如果我把事情搞砸了，他們會認為我無能，這會影響我兒子的教育。」這反映了機率高估與災難化思維。透過可利用的訊息，你會確定預測的負面結果實際發生的可能性。為了完成這件事，你評估特定事件實際發生的次數，除以該事件可能發生的次數。

如果莎拉搞砸演講，她兒子的教育受到負面影響的可能性有多大？這是更困難的估算。「搞砸」演講是什麼意思？「無能」是什麼意思？這如何影響她兒子的教育？撇開這種隱含擔憂的災難化思維及模糊的性質不談，她兒子的教育受到其演講影響的可能性幾乎不存在。這件事如何及為何會帶來影響？我們的訊息愈具體，結果就愈不可能存在，解決思維錯誤至關重要的一項工具，是提出關鍵問題以提高具體程度。思維錯誤往往由整體與情感憂慮引起，關鍵問題提高了具體程度，並揭露該思維的不合理之處。

步驟五：對比你最初（焦慮的）想法與替代（非焦

慮的）**詮釋**。最後一個步驟，是直接比較更現實的替代想法（判斷、詮釋）與最初的思維錯誤。你如何看待這些證據、替代解釋和真實機率？更現實的可能性是什麼？一個想法合理程度的有用指南是其可信度，如果非焦慮詮釋的可信度遠高於最初焦慮想法的可信度，你就知道自己的方向正確。你可以從0（完全不可信）至100（完全可信，絕對正確），針對每個想法簡單評分，如果你認為非焦慮想法的可信度不高，那麼就需要重新執行步驟一到步驟四。如果考慮所有證據與其他替代方案後，焦慮的想法仍然非常可信，這個想法或許不是思維錯誤，而是非常現實的恐懼或讓人擔憂的原因。

如果上述五個步驟聽起來太複雜，請記住，你正在（1）質疑你的自動思維，並且（2）考慮可能的替代方案。

下表可以協助你完成此過程。（你可以在http://www.newharbinger.com/51208找到該表的空白範本。）

莎拉必須多次執行這些步驟，直到得出以下結論：

表4│對比莎拉的焦慮想法與非焦慮想法

	想法	可信度 （0-100）
檢視證據後，請為最初想法的可信度評分。	最初想法： 我會搞砸（家長教師會）演講，他們會認為我無能，這會影響我兒子的教育。	20
更現實的可能性是什麼？請為這個想法的可信度評分。	替代想法： 我的表現會很出色，大多數人甚至不在意，那不會影響我兒子的教育。	80
未來我能告訴自己什麼？	沒什麼好擔心的。	

　　人們感覺另一個非焦慮想法不太可信的情況並不罕見，這是因為情緒化推理的本質。當你感覺焦慮時，更容易以焦慮的方式思考；我們感到焦慮時，很難以其他（或非焦慮）方式思考。多次執行這些步驟可以啟動並增強你健全的心靈，即使小小的改變也是重大的進步！透過反覆練習與考慮替代方案，你的焦慮想法可信度會不斷降低。

　　總之，機率高估是對不太可能發生的事件，做出不

準確或不合理的預測。你可以評估有利及不利該想法的證據，探索替代解釋，並估算真實機率，藉此反駁這一點。請記住，驅動我們情緒與行為的是想法，而不只是情境。自動思維是快速出現的想法，而且往往發生在人們無意識的情況下。這些想法可能很容易帶著偏見，例如我們根據感覺而不是事實，對情況做出判斷時。現在讓我們談談另一種適應不良的思考方式：災難化思維。

災難化思維

　　這種思維錯誤往往是社交焦慮症的核心，具有社交焦慮的人常常誇大不愉快的社交接觸造成的負面後果。災難化思維實際上包括兩個思維錯誤：（1）誤以為讓人不自在的社交情境，會產生不可逆轉的長期負面後果；（2）誤以為你沒有能力解決它。簡而言之，災難化思維會導致你小題大作。

　　真正的災難非常罕見，死亡是真正的災難，一旦你死了，就什麼都做不了。生活中會發生一些壞事，例如失去摯愛、失去最喜歡的工作，或者經歷分手、離婚

等。即使如此，這些情況也是可以控制的，你最終會找到因應它們的方法；學會在沒有摯愛的情況下生活，找到另一份工作，終究走出分手或離婚的陰影。現在看起來可怕且難以處理的事情，一旦你遇到了，就沒那麼讓人痛苦，其中一個原因是你面對它們時，找到了新的處理方法。

遭到嘲笑、感到尷尬或演講表現糟糕，當然是不愉快的經歷，但無論它們讓你感覺有多難受，這些都不是災難。如果你的思維模式是將讓人不自在的事件變成危機，就陷入了災難化思維。就社交焦慮而言，這往往發生在違反社會規範、感知標準和期望的情況。

挑戰災難化思維

為了挑戰災難化思維，首先你必須考慮結果的實際嚴重程度，如果這種情況發生，你實際上會採取什麼因應措施，藉此放慢判斷速度。挑戰災難化思維的有效策略之一是「那又怎樣」的方法。它關乎徹底想清楚讓人恐懼的結果發生的實際後果，藉此確定實際嚴重程度並

確認因應方法。以下是使用「那又怎樣」的方法因應災難化思維的具體步驟。

步驟一：放慢速度並注意。 為了針對災難化思維或其他適應不良的思維錯誤，你必須先意識到它正在發生。與機率高估的情況一樣，災難化思維發生迅速，通常以自動思維的形式出現，因此你必須放慢速度才能發覺到它正在發生。

步驟二：找出字詞描述你的想法。 此步驟涉及將思想轉化為文字，這意味著你應該嘗試用「我在想……」為開頭來組成句子，甚至可以在紙上寫下想法，這個過程可能有利於你放慢速度並提高意識。

步驟三：為你的想法提供可信度評分。 接下來，請確定這個想法的可信度，你可以透過問自己「這個想法多可信」來獲得可信度評分，從0（完全不可信）到100（完全可信，絕對正確）為該想法最初的可信度評分。

步驟四：檢視事件的後果。 為了檢視事件的後果，現在你必須確定可怕結果真正的嚴重程度。當人們陷入災難化思維時，就會誇大嚴重程度。實際評估情況嚴重

程度的一個有效方法是問自己：那又怎樣？正如我們之前所討論，有些事情可能是大事，但大多數事情並非如此。演講時思路中斷或者將熱咖啡灑在同事身上，在當下似乎是嚴重的事，但這一刻過去後，下個時刻到來，其他事情似乎更嚴重。結果，我們從感知到的一場災難，不停頓地進入下一場災難。對抗這種傾向的有效方法之一，是採用我喜歡的某部漫畫所展示的觀點：在佛陀的圖像下方搭配著文字——「所有痛苦的根源是在乎」。如果想要理解這一點，你不必成為虛無主義者或電影《謀殺綠腳趾》的都得主義（Dudeism）使徒，當然這也沒有壞處。

顯然，我們不應該混淆「那又怎樣」與「誰在乎」，我並非建議你不該在乎壞事是否發生。相反地，目標是對實際後果形成現實的看法，將「那又怎樣」視為問自己問題的方法。例如接下來會發生什麼事？如果發生那種情況，那會怎樣？這種方法是遵循你的想法，來得出合邏輯的結果，然後問自己，所以那到底會多糟糕？

步驟五：確認你的因應策略。即使實際結果與你的

預測相符，而且災難似乎發生了，你也有辦法因應。你的因應策略往往比最初想像的有效多了，如果你能處理這個結果，那麼它似乎根本不是災難。把咖啡潑到同事身上，可能不會導致互毆，你的因應策略是道歉並提議支付清潔費（他可能會禮貌性地拒絕），然後你堅持請他再喝一杯咖啡，就有機會解決這個局面。

如果負面結果成真，確認因應策略能幫助你思考可使用的處理方法。我們往往會忘記，如果某種情況發生，我們可以利用哪些資源加以解決。如果你對自己處理這件事的能力充滿信心，就比較不可能認為那是件大事！為了引導你確認因應技巧及策略，你可以問自己一些問題：

・我害怕將發生什麼事？
・我能如何處理這件事？
・這種壞事之前發生過嗎？
・我之前怎麼做？
・我當時怎麼處理？

當下想出因應策略可能相當困難，尤其是感到焦慮的時候。為了給你一些提示，以下是常見的因應策略、資源和個人特徵的範例，它們可提醒你在需要時使用有效的方法。你會注意到，此清單的一些項目適用於某些情況，但不適用於其他情況。請閱讀此清單，並圈出你可能使用的任何項目。

- 依靠你擁有的技巧
- 等待看看接下來會發生的事
- 解決問題
- 忽略你的不幸意外
- 尋找創意的解決方案
- 向朋友尋求協助
- 為自己辯解
- 上網找一些想法
- 若你造成傷害或損害，請道歉
- 使用自嘲式幽默，讓情況緩和下來

這只是一些普通的點子，當然，你在特定情況使用的具體因應策略，或許看起來截然不同。有些策略在某些情況下可能有用，但在另一種情況下就不太適合，例如等待、道歉或展現幽默，有時可能是錯誤做法。背景脈絡非常重要，隨著時間過去，你將逐漸了解在特定情況下，哪種方法有適應能力，而哪種方法適應能力不佳，沒有任何方法與技巧永遠正確或錯誤。

現在你已經了解「那又怎樣」方法的步驟，請用你最近在生活中遇到的威脅情況當例子，並加以實踐。請拿出一張紙，畫出三行，將第二行標記為「想法」，將第三行標記為「可信度」。（你也可以在http://www.newharbinger.com/51208找到此表的空白範本。）

請在第二列的第一欄簡要描述威脅情境，在第二欄描述你在這個情境發生之前和／或期間的想法，在第三欄使用0（完全不可信）到100（非常可信）的標準為該想法的可信度評分。這些回答代表我們剛才討論的前三個步驟：(1)放慢速度並注意，(2)找出字詞描述你的想法，(3)為你的想法提供可信度評分。請在第三列記錄

你對後果的想法（步驟四），並為這些想法的可信度評分。請在第四列寫下你對可以使用哪些因應策略的想法（步驟五），並為其可信度評分，換句話說，你使用它們的可能性有多大。最後，請在最後一列寫下關於該威脅情境的適應性思維（有助於減輕焦慮）及其可信度評分。

讓我們看看莎拉如何完成這張表。請想像她在家長教師會會議上的演講其實非常糟糕，她站起來，結結巴巴地說了一些讓人聽不懂的話，然後再度坐下。她害怕這種情況會發生，真是一場災難，這是真的嗎？

表5｜莎拉的災難化思維

	想法	可信度
災難化思維	每個人都認為我無能。	100
後果（所以會如何？）	一些人可能認為我無能，但我不在乎，其他人可能沒注意或不在意。	20
因應策略	下次我會再公開發表看法，如果覺得自己又結巴，我可能會自嘲。	30
適應性思維	搞砸演講沒什麼大不了。	20

請注意，莎拉搞砸演講後，首先將她的想法「每個人都認為我無能」評為非常可信（0至100分制的100），給了適應性思維（搞砸演講沒什麼大不了）的可信度低分。她愈頻繁執行這項練習，其適應性思維可信度就會愈高，而適應不良思維可信度就會愈低。這需要時間，但透過嘗試不同的因應策略，它遲早會發生。

日常生活的思維錯誤

焦慮想法經常是出於機率高估與災難化思維，這是因為我們常常認為負面結果發生的可能性，遠遠大於實際的可能性，我們也認為該結果成真的話，將導致災難。因此，這些思維錯誤可能增強彼此的作用。莎拉對家長教師會會議演講的想法就是這種情況，她認為自己一定會搞砸演講（機率高估），其他人會因此對她做出負面評價，甚至影響她兒子的教育（災難化思維）。

如果將想法分為這兩種適應不良的思考方式，並對每個環節使用上述技巧，可能有幫助。將思維錯誤分為災難化思維與機率高估，有助於打破增強的循環。再說

一次，針對機率高估，透過檢視有利與不利這些信念的證據，有時（例如飛機失事的例子）甚至可以計算這些事情發生的機率，你會發現它發生的機率可能不像你最初想的那麼高。你用「那又怎樣」的方法對準災難化思維，這通常是一系列的想法與後果，最後你可能會想著「人們會認為我不好」、「我會感到尷尬」或者「人們會對我有負面評價」。當然，那不是讓人愉快的事，但那又怎樣？這當然不是災難。

如果你分不清機率高估與災難化思維之間的差異怎麼辦？沒關係。比起為每個想法正確分類，學習放慢速度，注意自己的想法並加以挑戰更重要。請看看什麼能讓你最有效地挑戰思維錯誤，並找到更現實的觀點或替代觀點。請不要繼續當自己心靈的囚徒。

然而，在腦海中完成這些步驟只能讓你到達一定程度，可能改變你生命的關鍵，是為自己創造真正的挑戰，藉此實施這些策略。這意味著或許要讓自己面對相當不自在的社交情境，透過挑戰思維錯誤來檢視它們真正的威脅。這就是我所說的社交事故暴露，你將在接下

來的章節學習如何做到這一點。我不想給你太多資訊，以免讓你太害怕，足以激起你的興趣即可。準備好了嗎？我們開始吧。

第五章 面對社交事故

前面的章節已經為你提供許多非常有用的工具，它們的組合創造了因應社交焦慮的強大方法：社交事故暴露。請記住，暴露過程非常有效，這裡的暴露意味著你正在面對讓人恐懼的社交情境，同時消除各種類型的迴避策略及安全行為，並體驗到焦慮會自行消失。同時要記住，思維錯誤會讓你相信某個社交情境很可能發生讓人不愉快的事件，而該事件會產生不可逆轉的長期負面後果。

　　解決這些問題的極有效策略，是使用暴露實踐當成現實生活的實驗，來檢視你的信念是否正確。舉例來說，如果你擔心看起來瘋狂，或許可以列出一長串絕對不想在公共場合做的事情，例如與非生物交談。如果你與青銅雕像親密地討論事情，你認為博物館的參觀者會如何反應？有些人可能認為你瘋了，那代表什麼？接下來會發生什麼事？他們會把你趕出博物館嗎？或者有人會打電話叫警察或救護車，把你送進精神病房並關很多年？或者他們可能只是笑出來？其他人會注意到嗎？找出答案的唯一方法就是採取行動！

請思考一下理查德・所羅門（Richard Solomon）與萊曼・韋恩（Lyman Wynne）執行的著名古典實驗（1953）：研究人員將一隻狗放進箱子裡，一道小牆壁將箱子分成兩個隔間，這隻狗能從一個隔間跳到另一個隔間。其中一個隔間有個食物托盤，刺激那隻狗將大部分時間花在這裡，同時還有一盞燈，地板上有電線，會給狗帶來痛苦（但不危險）的電擊（對不起，愛狗人士與飼主，我也是其中之一）。在一些試驗中，研究人員在開燈後立刻進行電擊，換句話說，對狗而言，燈光示意著即將進行電擊。牠很快就學會了迴避電擊，燈一滅就跳到另一個隔間。然而，研究人員不再進行電擊時，發生了什麼事？燈仍亮著，但電擊並未隨之而來。你可能猜對了，儘管燈光不再示意著電擊，狗還是不斷跳到另一個隔間，要讓那隻狗知道燈光不代表電擊的唯一方法，是讓牠留在隔間裡看看實際發生的事。

這與社交焦慮有什麼關係？當你感覺受到威脅時，迴避了社交互動（或者採取安全行為）。你生活中的許多事件可能促成了這一點，也許你從父母那裡學會在社

交情境中要小心，也許你只是害羞謹慎。然而，為了改變問題，過去造成這種情況的原因（起始因素）不是那麼重要，重要的是你不斷迴避的原因（維持因素）。你這麼做是因為預期可能會發生一些壞事（即使你錯了），這些迴避策略目的是防止這種虛構的危險發生。然而，只要你繼續使用迴避策略，就永遠不會知道情況是否真的危險。找出答案的唯一方法是在不使用它們的情況下，看看實際發生的事！

　　暴露於社交情境比所羅門與韋恩的實驗複雜多了（但更人道），而基本概念仍然不變：你必須將自己暴露在那些可怕的情況，並體驗發生的事情。轉成社交焦慮的情況，如果你因為預期可怕的事情（無論可能是什麼事）將發生在自己身上，所以不斷迴避參加派對，那麼永遠不會發現這些派對上，不會有任何可怕的事發生在你身上。除非你嘗試，否則永遠不會知道。就像那隻狗不斷避開完全安全的地方一樣，你也會因為不準確的假設而不斷迴避相同的地方；只要你們都迴避，焦慮就會持續存在。

暴露是測試你的焦慮預測，以反駁它們並改正錯誤想法的唯一方法。這是讓你擺脫社交焦慮症束縛的唯一方法，暴露將讓你得以比較實際結果與預期結果，如果兩者不一致，那麼是時候採取更現實的觀點了。如果壞結果發生的可能性遠遠小於預期，那麼就會出現不一致的情形，即使它確實發生了，你會找到因應方法。本質上，社交事故暴露將讓你有機會發現事情不像自己想的那麼糟糕，而且有許多因應的方法。這具有激動人心的含意，如果你正確執行這些實踐，它們幾乎觸及我們之前討論的每一個維持因素，但讓我們一步一步慢慢來。

準備暴露

創造暴露實踐的第一步是做好準備，我們將用莎拉的例子說明。為了做好準備，我們必須了解莎拉認為某種情境具有威脅的原因，以及她一直採取什麼因應措施。為了找出哪些維持因素與莎拉最相關，我們使用第二章的「社交情境量表測量法」。

莎拉的社交情境量表

（copyright Stefan G. Hofmann, 2022）

1. 我相信我在社交情境面臨的期望非常高。

   0—1—2—3—4—5—6—7—8—**9**—10

2. 我常常不太清楚我想在社交情境達成什麼目標。

   0—1—2—3—4—5—6—7—8—**9**—10

3. 處於社交情境時，我往往將注意力集中在自己身上。

   0—1—2—3—4—5—6—7—8—**9**—10

4. 我往往高估社交情境可能導致的後果。

   0—1—2—3—4—5—6—**7**—8—9—10

5. 我認為我因應社交情境的社交技巧很差。

   0—1—2—3—4—5—6—**7**—8—9—10

6. 我不太喜歡社交情境中的自己。

   0—1—2—3—4—5—6—7—8—**9**—10

7. 我在社交情境中難以控制焦慮。

   0—1—2—3—4—5—6—7—**8**—9—10

8. 我認為人們能看得出我在社交情境中感到焦慮。

   0—1—2—3—4—5—6—7—**8**—9—10

9. 我通常預期我會在社交情境中碰上壞事。

0—1—2—3—4—5—6—**7**—8—9—10

10. 我往往在社交情境結束後繼續思考它們。

0—1—2—3—4—**5**—6—7—8—9—10

11. 我常常迴避社交情境。

0—1—2—**3**—4—5—6—7—8—9—10

12. 我在社交情境中，常會做讓我感覺自在一些的事。

0—1—2—**3**—4—5—6—7—8—9—10

　　我們了解到莎拉對許多項目的評分都很高，除了迴避行為及安全行為，她不認為自己常常迴避或做任何事情，來讓自己在社交情境中感覺自在一些。這不代表自我報告通常不可靠，只意味著迴避行為往往很難被發覺。我的案主往往不會認為，他們採取迴避行為或使用任何安全行為。請記住，這些行為可能非常微妙。另外，學著接受社交焦慮症多年後，這些人已經發展出適應社交焦慮症的生活，迴避成為了習慣。我這裡的重點是，即使人們並未意識到，但迴避總是扮演重要的角

色。讓我們深入研究特定情境的細節。

還記得圖2（第二章）總結社交焦慮症的各種維持因素嗎？這裡以莎拉必須在家長教師會會議演講為例，根據我們所知的情況，可以確定以下的維持因素（詳細的後續對話已引出一些資訊）。

莎拉表現出我們討論過的一些思維錯誤（見圖7：我無能，以及如果我搞砸了，那將是災難）。為了解決焦慮，她在前一晚準備了演講，甚至寫下來。以在家長教師會會議上演講的家長來說，這是相當不尋常的做法。莎拉是為了解決社交焦慮，她也排練了，說話速度很快，並迴避目光接觸。根據我們先前的定義，這些策略都算迴避策略（阻止自己面對恐懼而做或不做的任何事）。就像所羅門與韋恩實驗裡的那隻狗一樣，莎拉沒有為自己提供機會，去檢視情況是否真的危險。

我們注意到還有許多其他因素導致莎拉焦慮，其社交焦慮來自於她認為家長教師會的標準很高，而她不確定是什麼讓一個人獲得該團體接受。她相信人們期望她發表完美的演講，甚至必須給人留下深刻的印象，但這

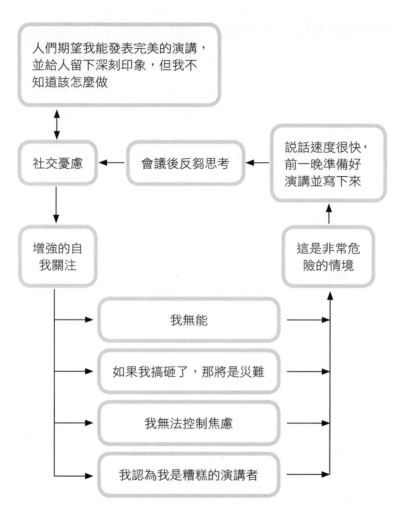

圖7：莎拉害怕在家長教師會會議上演講的原因
（copyright Stefan G. Hofmann, 2022）

個目標不實際、不具體也不明確。相較之下，參加會議的其他家長有著非常明確且實際的目標；其中一位家長希望老師少給孩子一點作業，另一位家長希望為孩子提供輔導服務，他們似乎都不關心別人對他們的看法。莎拉的演講並未過度以任務為焦點，她感謝老師與教職員為兒子創造良好的環境，但也提到廁所很髒。她心中其實沒有具體目標，就只是想讓人們認識她、喜歡她。她的社會標準很高，但目標定義卻很模糊。

莎拉一開口說話，她的焦慮就加劇了。她把注意力集中在內心，專注於自己身上，很少關注演講的內容與表達方式。她覺得自己無能，無法控制焦慮，並確信自己就是糟糕的演講者。正如前述，除了準備過度，她語速很快，匆忙地完成演講。

莎拉的暴露任務有一個重要特徵，就是消除她的迴避策略。這意味著（1）她不能準備演講並將其寫下來，以及（2）她必須放慢語速。然而，為了讓這次的暴露練習成功，我們也想針對其他維持因素。

社交事故暴露最重要的是她感知的標準、目標，以

及對社會成本的估計。莎拉認為人們期待她發表完美的演講，並給人留下深刻印象，但她其實不知道該怎麼做（即她表現出高感知社會標準，但目標定義模糊）。此外，她認為如果把事情搞砸了，那會是災難（估計的社會成本很高）。由此可見，對莎拉來說，最有效的暴露練習是在沒有準備的情況下演講，有著具體目標（例如更好的學校午餐），語速要非常慢，並且有些結巴（這就是我稱之為「社交事故暴露」的原因）。然後，莎拉必須（1）預測將發生的事（例如人們會打斷她或嘲笑她嗎？）及（2）比較她的預測與實際發生的情況。

一般規則是：

1. 辨認到底是什麼讓該情況引起焦慮。
2. 辨認並消除任何安全行為及其他迴避策略。
3. 確定你想實現的主要目標，請明確一點。
4. 明確說明你害怕哪種社交事故，以及可能的社會後果。

對你來說，社交情境最令人恐懼的層面是什麼？請選擇一個引發恐懼的具體社交情境，並寫下你對以下問題的答案。（也可以從http://www.newharbinger.com/51208取得該表格。）然後看看你是否可以構造類似圖7的圖表。請試著用一個或數個例子來完成句子（必要的話，可加入更多例子）。

社交情境恐懼分析

社交情境讓人不自在，原因是：

1.

2.

你的回應涉及社交憂慮。

我認為別人期待我是：

1.

2.

這涉及社會標準。

如果我面對這種社交情境，我最關心／擔心的是：

1.

2.

3.

4.

請花時間思考這個問題，是因為你的技巧不足而無法表現嗎？或者你擔心自己的焦慮失控？或是擔心遭到拒絕？

為了減輕焦慮，我往往做以下的事：

1.

2.

3.

這顯然涉及維持焦慮的各種迴避策略，你暴露在社交恐懼時，請確保消除全部的迴避策略。

有些人發現盡可能生動地想像場景是有益的，你甚至可以寫下這個印象。如此一來，就可以比較想像中會發生的事情與實際發生的事情。你將感到驚訝。

實施暴露

現在，是時候測試你的預測了。請記住，社交情境往往顯得令人恐懼，因為你認為社交事故可能發生且代價高昂。測試這一點的有效策略，是參與現實的社交事故暴露。換句話說，讓我們真的搞砸社交情境，看看實際會發生什麼事！沒必要做任何讓你陷入真正麻煩的事情（例如讓你遭到解僱、被關進監獄或離婚，除非這對你來說是讓人滿意的結果）。相反地，請選擇大多數人認為符合社會可接受規範的情境，並且不違法或不傷害別人。這樣做可能是你能想像到最可怕的事情之一，但隨著時間過去，它會變得出乎意料地容易。對許多人來說，這些暴露練習非常有效，因為它們同時以強力的方式針對一些核心問題；許多人發現它們讓人感到極度解脫。試一試，看看會發生什麼事吧。

數年前，《衛報》作家兼書籍作者潔西卡・潘（Jessica Pan）從倫敦打電話給我，討論其社交焦慮的具體情況。經過漫長對話後，她請我提供具體的指示，解決她害怕在公共場合顯得愚蠢的問題。我建議她主動創造情境，看看如果她做了非常愚蠢的事情，人們會如何反應。

　　具體來說，我建議她在倫敦地鐵隨機接近五個人，並向他們詢問以下問題：「打擾一下，請問你知道英國有女王嗎？如果有，她叫什麼名字？」（這發生在女王伊莉莎白二世駕崩之前。）她預期有些人會嘲笑她，有些人會表現無禮與生氣。她這麼做了，但沒人表現無禮，也沒人嘲笑她。相反地，大多數人就只是回答了問題，有趣的是，其中兩個人以為現任女王的名字是維多利亞，她在著作《抱歉，我遲到了，其實我根本不想來》（*Sorry I'm Late, I Didn't Want to Come*, Pan 2019）詳細描述了這段經歷。我以前與其他案主一起使用的一些例子包括：

- 站在芬威球場（波士頓紅襪隊的主場）正前方，在1小時內詢問十個人：「打擾一下，請問芬威球場怎麼走？」
- 走進星巴克，點一個可頌，把它丟到地板上，然後對收銀員說：「我剛剛把可頌掉在地板上，我想要一個新可頌，但不想付錢。」
- 前往高級酒吧，點一杯自來水，然後詢問調酒師是否看過電影《當哈利碰上莎莉》，如果酒保看過，接著詢問演員是誰。
- 站在地鐵站前，連續唱三遍兒歌〈瑪麗有隻小綿羊〉。
- 與博物館的青銅雕像「討論」5分鐘。
- 去藥局買保險套，當藥劑師拿來時，接著詢問：「這是你們賣的最小尺寸嗎？」無論回答是什麼，一言不發地離開。
- 在擁擠的餐廳裡，走到坐在桌旁的每個人面前發問：「你是巴拉克・歐巴馬嗎？」
- 去書店對店員說：「嗨，我在找一本關於放屁的書。」

圖8：如果你與博物館的青銅雕像交談，別人會如何反應？
（copyright Stefan G. Hofmann）

順帶一提，真的有這樣的書，我會知道是因為我做過這件事，兩本都是童書，書名是《每個人都便便》（*Everybody Poops*）與《我們排出的氣體》（*The Gas We Pass*）。

讓我們專注於一些例子，莎拉的其中一個災難化思維是「如果我搞砸了演講，那將是災難」。這意味著莎拉應該創造情境，來體驗如果真的搞砸演講會發生什麼事。她可以採用許多方式，有個好主意是嘗試幾種方法來看看哪種最有效，例如她可以突然停下來說：「我忘了想說的話。」

　　接下來討論有著其他社交恐懼類型的另一個人，還記得五十歲的郵政人員凱莉嗎？以下是凱莉與治療師之間的對話，引導至這次社交事故暴露練習：

治療師：那麼，凱莉，讓我們試著測驗你在社交情境擔憂的一些事。你曾提到擔心的事情之一，是你在別人眼中顯得瘋狂。我知道你喜歡唱歌，有沒有辦法測試你的預測呢？當你在別人面前唱歌時，什麼會讓你看起來瘋狂？

凱　莉：嗯，我可以站在人行道上唱一些愚蠢的歌。

治療師：好主意！像是什麼歌？一首兒歌？或許唱〈瑪麗有隻小綿羊〉？

凱　莉：對，如果我站在人行道上唱〈瑪麗有隻小綿羊〉，人們一定會認為我瘋了。

治療師：太棒了。這足以讓你看起來很瘋狂嗎？除此之外，你還可以做什麼？

凱　莉：我不確定，但這一定會讓我看起來很瘋狂。

治療師：太好了，就這麼做。我們一起到外面，我希望你在地鐵站前，大聲地連續唱三遍〈瑪麗有隻小綿羊〉。

凱　莉：哇，好，這讓我很害怕。

治療師：你的焦慮程度是0至100分制的幾分？

凱　莉：現在可能是70分，但我確信我們出去的時候會是100分。你會和我一起待在那裡嗎？

治療師：我會待在半個街區之外，這樣一來，我就能聽見並看到你和其他人。我不想成為你的安全人員。你認為其他人會做什麼嗎？你的預測是如何？

凱　莉：嗯，我想人們會站在周圍嘲笑我，有人會打電話報警要我離開街道。

治療師：很好，謝謝。所以你預期人們會聚集在周圍取笑你，警察也會來。你對人們會聚集在周圍取笑你、警察會來的預測是多少分？

凱　莉：我不知道，也許90分？

治療師：很好。我們已經討論了稱為機率高估的特殊思維錯誤，也就是高估不太可能發生的壞事之可能性。你認為90分是正確的嗎？

凱　莉：我不知道，可能不正確吧，但感覺起來就是這樣。

治療師：我理解。還有一種思維錯誤叫做情緒化推理，也就是你因為感到焦慮，所以用焦慮的方式思考，但該想法可能與現實不符。弄清楚並改正這些思維錯誤的最佳方法是測試你的信念，你覺得如何？

凱　莉：好，我試試看。

　　儘管凱莉認為焦慮程度會是100分，但凱莉感到驚訝的是焦慮程度在最初幾分鐘內下降得很快，而且沒有

事情發生，人們就只是走過去，大多數人甚至沒注意到凱莉的存在，而有一些人露出微笑。凱莉周圍沒有人群聚集，沒人取笑凱莉，沒有警察前來。最後凱莉意識到事情完全不像自己想的那麼糟糕，並且不得不承認，必須改正自己認為人們會站在周圍取笑的可怕情景之可能性。然而，如果這真的發生了，怎麼辦？讓我們來聽聽凱莉與治療師之間更多的對話。

治療師：所以，讓我們假設最糟糕的事情確實會發生，你能為我再度總結一下那是什麼嗎？

凱　莉：我不知道，也許一群人會聚在一起，他們會取笑我或報警。

治療師：好，這是兩個預測，讓我們一次測試一個，我們專注於前者。所以，讓我們假設約有五個人聚集在你周圍，他們手指著你並取笑你，他們會咒罵你嗎？會對你大吼大叫嗎？

凱　莉：我不確定，也許他們會咯咯地笑，並且用手指著我？

治療師：因為他們對你有負面評價？

凱　莉：對。

治療師：你過去是否曾遭受負面評價？

凱　莉：當然，很多次。

治療師：當然，我們都有過這種經驗。這感覺很差，但我們活著，生活繼續下去。顯然你也從這種情況活下來，因為你坐在這裡告訴我這件事。我的重點是，遭受負面評價很常見，那是不愉快但短暫的經驗，我們有辦法因應它，你有辦法因應它。我們將這種思維錯誤稱為災難化思維，它意味著我們正在小題大作。真正的災難確實存在，例如死亡，但遭受另一個人的負面評價不是災難。

　　凱莉的暴露練習應該根據具體的憂慮加以調整，例如可以透過戴上看起來很瘋狂的帽子以顯得更瘋狂，或者唱一首走音的歌曲以獲得更負面的評價，藉此修改凱莉的歌唱暴露。

讓我們看看哪種練習能針對你的具體憂慮，請寫下勇敢的自己與焦慮的自己之間的對話，勇敢的自己扮演治療師的角色，焦慮的自己可能聽起來就像凱莉與莎拉的例子。

　　勇敢的自己可能對焦慮的自己提出一些問題，例如你最擔心什麼？你是否擔心遭受負面評價？擔心看起來很瘋狂？擔心顯得粗魯？擔心顯得很傻？請繼續在紙上進行這項練習，目標是為焦慮的自己創造非常具體的暴露練習，以測試你的預測。一旦你設計了自己的社交事故暴露練習，請嘗試一下，看看會發生什麼事。

　　如果這些練習是針對你的特殊恐懼與擔憂而量身定制，那麼它們將最有效。這些練習的結果是你獲得另一個視角，改變了你的感受方式。因為你的思考方式及對情境的看法，對感受方式造成巨大影響，這意味著你透過改變思考方式，以控制感受方式。

　　信念是我們對於是非、好壞、愛憎的一般觀點，它們是關於世界、未來和我們自己應該如何行事的基本假設，其中一些信念也可能是焦慮信念。焦慮信念往往很

難加以質疑與爭論，因為它們通常被視為事實，它們感覺就像我們與我們個性的一部分。它們是「應該做的事」與「不應該做的事」，其中許多信念都很吸引人，幫助我們在這個世界上發揮作用。「你應該避免傷害別人」、「你應該誠實」、「你不應該剝削別人」等，這些例子都是非常有適應力且有價值的信念。另一方面，有些信念不合理、適應不良、失去功能，它們會限制並抑制我們，讓我們成為自己信念的囚徒。許多不合理的信念都與完美主義有關。「你不應該在別人面前展現焦慮或軟弱」、「你在社交情境表現時，不應該犯任何錯誤」，或者「每個聽眾都應該喜歡你的演講」。你猜怎麼了？這世上無完人，就連你也不完美。

如果你結結巴巴地說一個字，思路中斷數秒，或者在別人面前臉紅，這真的有什麼大不了嗎？大多數人甚至可能沒注意到，即使他們注意到了，可能也不太介意。事實上，犯小錯誤的人通常被認為比完全不犯錯的人更討人喜歡，不完美是人之常情。當然，原則上你已經了解這一點，向好友或孩子提供這個建議可能很容

易。然而，如果你像大多數有社交焦慮的人一樣，那麼對自己的寬容與同情就少得多了，你的自我批評會過於占據主導地位。某種程度上，你必須重新學習接納真實的自己，這將是下一章的主要重點。

比較與檢視暴露練習

完成一次社交事故暴露練習後，重要的是反思並比較你預期會發生與實際發生的事情。這會造成預期與實際之間的差異，導致你的看法出現重大轉變。人們接受社交焦慮症治療後，經常總結如下教訓：

1. 愈是認為別人對你有期望就愈焦慮，這些期望可能不正確。
2. 明確定義社交情境的目標很重要，否則我們不知道是否達到目標，也不知道是否成功。
3. 你在社交情境中愈關注自己，就感到愈焦慮。
4. 如果人們在社交情境中感到自在，就不會焦慮。
5. 社交事故很正常，即使發生也沒什麼大不了。

6. 別人看不出你的焦慮程度，你比自己以為的更能控制焦慮。

7. 你的社交技巧很可能比你以為的更好，如果不是，那麼請調整你的標準。

8. 安全行為與其他形式的迴避，會導致焦慮持續並惡化。

我們將在之後的章節，再次討論其中一些教訓。

總而言之，社交焦慮不是真正的主要問題，問題在於你看待自己與社交情境的方式，以及你對它們的反應。當你改變方法，就會發現焦慮發生巨變，但這需要一些時間，並且需要耐心。你因應社交情境的新方法，就像在健身房學到的新運動習慣一樣，它需要使用甚至連自己都不知道已擁有的肌肉。剛開始會讓人非常不自在，但做得愈多，事情變得愈容易，你就愈接近想要的目標，過著自己想要的生活！

第六章　接納自己

接納自己與周遭環境，是因應無法輕易改變的社交情境，甚至是對其情緒反應的最有效策略。你可能會想採取不同方法，也就是接納事物，包括你自己，而不是去對抗或對情境與自己感到沮喪。

　　當你和別人在一起時，對自己有什麼感覺？許多社交焦慮症患者不喜歡成為社會客體的自己，也許你能理解這一點。看著自己的照片時，你會感到不自在嗎？你覺得自己的笑容看起來很假嗎？你的牙齒太大了嗎？你是否注意到自己在影片中的笨拙動作？你不喜歡自己聲音的語氣與音調嗎？對於有社交焦慮的人來說，這完全不稀奇。但為何有社交焦慮的人不喜歡看著自己，即使周圍沒有其他人會做出負面評價？好吧，事實上，有人對你做出負面評價，就是你自己！

　　社交焦慮與負面的自我知覺有很大的關係，如果你不接納真實的自己，自然以為沒人會接納真實的你。你對別人如何看待你的信念，在某種程度上，反映你對自己的看法。因此，改變看待自己的方式，將改變你認為別人如何看待你的信念，轉而決定你在社交情境的不自在與焦慮程度。讓我們深入了解自我知覺，它是什麼？

如何改變它？這可能觸及人們社交焦慮的核心。

社交焦慮與自我

信念系統（belief system）分為三種：關於自我的想法、關於世界的想法、關於未來的想法，這三種信念系統被稱為「認知三角」（cognitive triad, Beck and Emery 1985）。此處我們將焦點放在關於自我的想法，其中一些是正面想法，一些則是負面想法。舉例來說，我思想開放是自我關注的正面想法，而我不耐煩是自我關注的負面想法。有些自我關注的想法，在本質上也是社會性的，例如我值得信賴是自我關注的正面想法，而我對社交無能是自我關注的負面想法。我敢說你能想到更多的例子，請把它們寫下來，別想太多。你是誰？你會如何形容自己？這些想法將你定義為社會存在，作為我們這個世界的一個客體。

我們知道社交焦慮症的有效治療會改變思維方式，改變我們將社會環境及自己視為社會客體的方式。這不僅包括對社交情境中危險的感知，還包括對我們掌控局面的社交技巧，以及控制社交情境中焦慮反應的看法。

這種變化並非社交焦慮症的治療所獨有，事實上，社交焦慮與其他類型的焦慮有許多相似之處。但社交焦慮與其他形式的焦慮不同，因為它涉及對自己的評價與看法。舉例來說，不同於那些對狗感到不安的人，對發表演講感到不安的人不太關心身體傷害，而是更關心對自我的潛在傷害。許多有社交焦慮的人往往非常關心自己給別人的印象，因此對他人的評價非常敏感，他們在社交情境中不斷監控自己，並且對自己過於挑剔。

　　社會心理學家將這種現象稱為「公眾自我意識」（因為它指的是自我的公共層面），公眾自我意識導致自我覺察，這是社交焦慮的常見層面。社交焦慮會形成回饋循環，過度的自我覺察會讓你的行為表現和你的感受一樣尷尬，這會加強你必須密切監控自己的社交表現的錯誤想法。

　　注意力有限，如果你的大量注意力被一項任務（例如自我監控過程）占據，那麼對其他事情（例如任務表現）的注意力就會減少，這就是大多數人發現很難同時聽兩場晚餐對話的原因。

　　因此，自我關注、憂鬱症、社交表現和社交焦慮息

息相關。導致社交焦慮持續的關鍵因素是自我關注，更深的社交焦慮導致社交情境裡更強的自我關注。換句話說，花愈多時間思考自己在社交情境中給人的印象，你的社交焦慮就愈深。原本可用於成功社交表現的注意力（例如演講、談話、講故事、專心傾聽某人說話），被用於監控自己。你可能會自我管理，試著控制自己的表現與外觀，不意外地，這會造成更深的焦慮，形成惡性循環（圖9）。

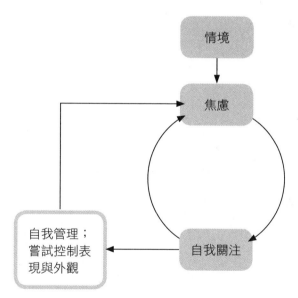

圖9：自我關注在社交焦慮中的作用
（copyright Stefan G. Hofmann, 2022）

社交焦慮的有效心理治療導致自我關注下降，事實上，正如我們的研究所表明，自我關注的改變與治療效益直接相關（Hofmann 2000; Hofmann et al. 2004）。根據一項研究（Hofmann 2000），我們使用認知行為療法來治療社交焦慮症患者，評估參與者接受治療前後的社交焦慮水準，並要求他們做社交測試。這項測試包括四項真實的社交任務：在一名男性與一名女性面前發表演講；主動開啟並維持與陌生人的對話；向陌生人表達異議；在兩個人的注視下，在黑板上解答簡單的數學題目。每項任務持續10分鐘，任務開始前有3分鐘的預期時間，預期時間結束時，參與者被要求寫下在這段時間的任何想法。

　　參與者總共描述了506個想法，兩位評估者將每個想法歸類為九種互斥類別的其中一種（此處列出例子）：（1）以任務為焦點的正面想法（這將是簡單任務）；（2）以任務為焦點的負面想法（這些都是困難的測試）；（3）以任務為焦點的中立想法（我正在思考我要談論的內容）；（4）以自我為焦點的正面想法（我能處理這件

事）；（5）以自我為焦點的負面想法（我擔心自己出醜）；(6)以自我為焦點的中立想法（我累了）；（7）以他人為焦點的正面想法（我正欣賞窗外的景色）；（8）以他人為焦點的負面想法（我擔心週末要報稅）；（9）以他人為焦點的中立想法（例如，我正在思考住在波士頓與住在其他地方的利弊）。

結果表明，只有以自我為焦點的負面想法，與治療引起的社交焦慮變化息息相關。換句話說，在治療期間，人們的社交焦慮改善愈多，他們執行這些社交任務之前，所描述的以自我為焦點的負面想法就愈少。一項規模更大的追蹤研究中，我們再次發現心理治療，與以自我為焦點的負面想法發生頻率顯著降低，尤為相關（Hofmann et al. 2004）。這些結果表明，社交焦慮症是自我知覺障礙，因為社交焦慮症患者相當負面地將自己視為社會客體，為了讓治療有效，干預措施必須減少負面的自我知覺。

使用攝影機記錄與照鏡子都可以增強自我覺察，從而減少用於最佳任務表現的注意力資源。某種程度上，

許多有社交焦慮症的人經常感覺自己受到別人監視，就像有攝影機一直記錄般。然而，研究表明，在低自我關注的條件下（即沒有攝影機或鏡子時），輕微社交焦慮的人與強烈社交焦慮（及有自我意識）的人之間的社交技巧沒有明顯差異。自我關注對社交表現的負面影響非常微妙，未經訓練的人難以看出。但無論如何，持續的自我監控仍會讓人筋疲力盡，並讓人情緒低落。相較之下，心情愉快通常與減少自我關注及社交焦慮有關，這意味著減少自我關注（尤其是負面的自我關注）不僅會降低社交焦慮，還能改善情緒。一旦你對真實的自己感到自在，就不再需要自我監控，社交焦慮也將消失。

暴露於鏡像與自己的聲音

記得我們在前面章節關於目光接觸的討論嗎？社交焦慮症患者似乎對人臉表現出誇大的反應，尤其是直接的目光接觸。直視鏡中的自己，可以非常有效地減少對臉部與眼睛的誇大反應。暴露於自己的鏡像會增加自我關注，你會有衝動想要檢查自己，包括儀容與外表。請

抵抗這種衝動，走進浴室，鎖上門，看著鏡中的自己10分鐘。不做任何其他事情，不加審判地注視自己，請不要試圖讓自己看起來很好，也不要檢查自己。相反地，只要看著自己的臉部與眼睛，彷彿它們屬於你想認識的另一個人。請體驗自己的存在，這麼做的時候，就是將自己暴露在你的自我面前，與外表無關。如果這讓人感覺不自在，表示你正有所發現，請每天都這樣做，堅持下去，直到變得更自在。如果這對你完全無效，那就向前看吧。

社交焦慮症患者通常也不喜歡聽到自己的聲音，但聲音就是自己的一部分，別試圖改變它，請接受它的原樣。類似於鏡像暴露練習，請錄下自己的聲音。理想情況是在智慧型手機上，錄製一段你不太了解的主題的演說，講得愈不完美愈好。一遍遍地聽這段錄音，剛開始你會感到尷尬與奇怪，會注意到許多的停頓及錯誤，那很好，就聽一聽吧，你甚至可能想結合鏡像暴露。目標是接受自己的真實樣貌，接受自己全部的缺點，以及難看的儀容和外表。隨著時間過去，不安的感覺最終將減

輕，這是正常的過程，我們稱為習慣化。你需要做的就是暴露自己，不要試圖讓它變得令人更自在，隨著時間過去，就會自行改變。

自我關注訓練

為了感知自己的各個層面，你必須引導注意力集中在自身。而注意力有限，如果集中在自身，對實際社交表現及其他任何事情的注意力就會減少，例如享受當下並與別人建立有意義的關係。當然，這會進一步加深你的焦慮。

在社交表現任務中，你可以將注意力集中在不同的事情上。舉例來說，你可以專注於身體的感覺（我的心跳加速，我想知道他們是否會看到我流汗）、你的外表（我不應該穿這件衣服，我希望他們沒注意到我的青春痘），或者你的行為（我一直走來走去，為什麼我結巴這麼嚴重？）。每種情況下，你的注意力都會從任務表現導向自己。

有時出現這樣的想法很正常，但如果你大部分時間

都抱持這種想法，那就是問題。如果它們出現，就任其來去，請漸漸將思緒重新集中於任務，然後繼續前進。為了做到這一點，你必須練習將注意力從自己身上轉移，只需要將焦點導向你想要的地方即可。這需要一些靈活彈性，而且可以透過訓練達成。下面的例子是我與莎拉一起做的簡單訓練。

就在莎拉準備說話前，我要求她做以下事情，藉此操控她的注意力焦點：

1. 專注並描述她的焦慮症狀及自己（30秒）
2. 專注並描述環境（30秒）
3. 專注並總結她的演講（30秒）

過程如下：

治療師：從0（不焦慮）到10（極度焦慮），現在你的
　　　　焦慮程度是幾分？
莎　拉：很高……也許是8分？

治療師：焦慮程度8分是什麼感覺？請把注意力轉向內心並告訴我，你的身體正在發生的事。

莎　拉：我感覺心臟狂跳，手心流汗，口乾舌燥。

治療師：謝謝。你還注意到自己內心有什麼想法嗎？你的腦海中浮現什麼想法？

莎　拉：我快要出醜了，因為我對這個主題不太了解。

治療師：好。從0到10分，現在你的焦慮程度是幾分？

莎　拉：不變，甚至還降低了一點，也許是7分？

治療師：好。現在請看看四周，環境中哪些事物讓你感到焦慮？

莎　拉：你坐在這裡，滿懷期待地看著我，這讓我感覺非常不自在。

治療師：太好了，你現在的焦慮程度是幾分？

莎　拉：一樣，大約7或8分。

治療師：現在請告訴我，你在環境中看到哪些不會增加你焦慮的東西？

莎　拉：我看到每面牆上都有一張照片，還看到植物。

治療師：還有其他的嗎？

莎　拉：地毯，我還看到後方桌子上的紙張與書架上的書。燈看起來很棒。

治療師：做得好！從0到10分，此時此刻你的焦慮程度是幾分？

莎　拉：沒什麼不同，但可能降低了一點，因為我分散了注意力。也許是7.5分。

治療師：謝謝。現在請專注於你即將發表的演講。專注於手邊的主題，並且用一到兩句話來總結。

莎　拉：我想告訴人們關於全球暖化的情況。

治療師：非常好。現在你的焦慮程度是幾分？

莎　拉：剛剛增加到8分。

治療師：謝謝。請告訴我，你想實現什麼目標？如果不提到你的焦慮，什麼會讓這種情境成功？你是否能做任何行為或事情讓該情境成功？

莎　拉：只要能講3分鐘就算成功。

治療師：我同意。還有呢？是否有任何行為（手勢與眼神接觸等）可以讓它成功？

莎　拉：我認為是與別人有眼神接觸。

治療師：太好了。所以目標是演講3分鐘，並至少與三
　　　　個人有眼神接觸？

莎　　拉：好。

治療師：準備好開始了嗎？

莎　　拉：是的。

　　請注意，每次注意力轉移後，我都會詢問莎拉的焦
慮程度，這是因為我想檢視將她的注意力引導至與恐懼
相關及無關的線索，和她主觀焦慮變化之間的關係。即
使這種關聯可能不容易證明，但這項練習表明注意力焦
點受到自主控制，而且引起焦慮。

增強對自我與他人的正面感受

　　許多有社交焦慮的人對自己過於挑剔（這通常讓他
們是極度完美主義者），並經常監視自己以發現所有不
喜歡的負面層面。此外，他們認為其他人也看見這些缺
點。對自我的負面看法，可能是許多人的社交焦慮與憂
鬱症密切相關的原因。我們以第一章的凱莉為例，凱莉

對自己抱持非常負面的看法，過著極度孤立的生活，卻渴望社交接觸。會有社交焦慮的原因之一，是負面的自我知覺與自我批評。

減少自我批判（加上自我接納）可建立自信。你只要接納自己的缺點，喜歡自己的優點，並對真實樣貌感到滿意，而不是試圖改善社交技巧及你給別人的印象。請不要表現完美，並在別人面前展現一些缺點，做自己就好。說來容易做來難，改變你的自我知覺需要一些時間，但這是能達成的事情，其中一種有效的練習方式是慈愛冥想（梅塔冥想）。

「愛」這個字可以有不同的意義，它可以是伴侶之間的浪漫，也可以指對孩子或父母的愛。我們可以感受對國家的愛，甚至對某些產品或活動的愛。所有情況下，這個字都用來描述正面情感，但這種感受的本質，根據愛的對象而截然不同。「仁慈」是相關詞語，它與愛類似，也具有正面意義。我們通常在同一個句子使用形容詞「善良」與「慈愛」，例如「她善良且慈愛」。這意味著我們描述的人善良又有愛心，關心別人的福

祉，有同理心，與別人有社交往來，以及富有同情心。

慈愛冥想（梅塔冥想）

當你實踐以下冥想時，溫柔地複述一些詞語，並將它們體現的同情心與接納，引導至不同的團體與自己身上。實踐時，請試著不要陷入慣性模式複述，相反地，嘗試每次都用心說出這些詞語，充分意識到它們的意義，以及帶來的感受。你也可以一邊實踐，一邊試驗你的短語，並更改成最適合你的慈愛冥想練習。

試試看吧。請從下方清單選擇四個詞語，或者編寫自己的短語。選擇短語的過程往往有助於我們弄清意圖，而且你可以在實踐過程中改善與改變短語。

願你平安
願你幸福
願你去愛並接納真實的自己
願你免於痛苦及痛苦的根源
願你平靜

願你喜樂

願你勇敢快樂

願你免於恐懼

願你生活從容

願你的人生順利

願你睿智善巧

　　再說一次，如果你能想到更好的詞語，或哪個詞語讓你自在，請使用它。舉例來說，凱莉選擇了「願你免於恐懼」、「願你勇敢快樂」、「願你睿智善巧」、「願你強大堅強」（凱莉想到的）。你將把這些詞語引導到不同的人身上，包括你自己。

　　這項實踐不該被視為只是圖像或詞語的呆板複述，相反地，目標是用心研究我們產生慈愛及同情心時會發生的事，藉此深入了解這些情感的本質，以及我們與它們的個人關係。步驟如下（請試著至少花費5到10分鐘執行每個步驟）：

1. 專注於一位恩人（即你極為尊重並感激的人，這個人應該還活著，而且不會引發你的性慾）。

2. 專注於一名好友（即一個還活著並且不會引發你性慾的人）。

3. 專注於自我。

4. 專注於一名中立者（即一名還活著的人，這個人不會引起特別正面或負面的感受，但你在平日經常遇到對方）。

5. 專注於一名「難相處」的人（即一個還活著並且與負面感受有關的人）。

6. 專注於自己、好友、中立者、難相處的人（將注意力平均分配給他們）。

7. 專注於團體。

對於社交焦慮症患者與憂鬱症患者來說，專注於自我可能相當困難。若是如此，請隨意將其放在此順序之後，例如放在中立者後面。

如果你在冥想過程沒感覺到任何變化，別勉強。舉

例來說，在第一類中，你只需要仔細思考恩人及其善良，或者想想他們如何幫助你，然後將慈愛詞語引導到恩人身上。無論你是否產生慈愛的感受，都可以與這些短語、它們的含義、恩人的意義保持連結。你選擇的恩人可能隨著時間而改變，這沒關係。請嘗試一次連結一個詞語，不需要擔心已經消逝的事情，也不必預測尚未發生的事情，甚至也不用擔心下一個詞語。請不要勉強製造慈愛的感情，只要複述這些詞語就能表明你的意圖，以及相信順其自然。

以恩人來說，凱莉想到了一位搬走的前同事兼朋友、醫師和小姪女，然後選擇了醫師。實踐過程中，凱莉想起了那位醫師，想像她的樣貌，並對自己說出她的名字。凱莉回憶起她幫助自己與其他人的不同方式，想到這位醫生已經幫助了許多人，這刺激凱莉對她產生正面的感情（慈愛）。

凱莉可以對醫師（恩人）及朋友產生正面的感情，接下來，凱莉轉向中立者。專注於一位中立者時，請想

想這個人和你一樣是活生生的人，就如同我們所有人想要快樂，也會犯錯。我們沒理由感到與此人不同，他們和我們一樣，也曾經是孩子，脆弱且理解有限，依賴周遭的成年人。就像我們一樣，中立者試著以帶給他們快樂的方式，來回應成年後的挑戰及責任，他們會經歷歡樂與悲傷，他們既熟練又笨拙。他們和我們一樣，也會受到疾病、老化、死亡的影響。我們停下來深思這些見解時，發現我們與中立者有許多共同之處，認識到自己與中立者有著這些共同的人類經驗時，就可能感到彼此的連結，感覺沒那麼受到孤立。

正如我們可以祝福恩人、自己及摯愛的人平靜、幸福和安康，我們也可以祝福一位中立者平靜、幸福和安康。請試著深思他們的心願是快樂，這與你的願望相同，將你的慈愛詞語引導到他們身上片刻。想像他們有自己的生活，日子有起有落，也有同樣無法控制的善惡循環。凱莉選擇的中立者是上班場所的工友。

接下來，凱莉將慈愛轉向自己。請把生命想像成一條充滿許多意外曲折、丘陵和山谷的道路，想像一下，

與一個總是挑剔你的吹毛求疵者，一起走在這條路上。也許這個人批評你行動緩慢，迷失方向，絆跤跌倒。接著，請想像你與一個善良的人（恩人），一起走在同一條路上，他通情達理又友善，很有幽默感，這個人為你加油，並指出這條路是個挑戰，以及為何沒人給你一張地圖。這個人祝賀你出發了，即使你感到迷失，並祝賀你在跌倒時爬起來。這個人承認你的優點，並運用路上的好與壞幫助你增強智慧，以及對自己與別人的理解。這是同一條路，但與善良的人或挑剔的人同行會截然不同。我們內心都有善良或批評的聲音，這個聲音陪伴我們走著人生的路，學習善待自己需要更專注於那個善良的聲音。請注意，道路維持不變，你總是遇到同樣的曲折，差別在於走這條路的方式。善待自己可能很困難，我們常常以不可能達到的超高標準要求自己，然後批評自己沒達到這些無法達成的標準。其他時候，我們一天裡做的許多事情都很順利，而且相當擅長，但我們不會停下來專注於這些事情並稱讚自己。相反地，我們專注於那些做得不熟練的事情，或者認為自己可以用更好的

方式處理的事情。我們會投入大量的時間與精力批評自己的錯誤，卻永遠不會那樣評判別人。請想像與好友聊天般來對自己說話。

請在慈愛冥想時刻意強化內心善良的聲音，內心的批評聲音會隨著時間過去而減弱。如果你習慣挑剔自己並對自己嚴厲，那麼學會善待自己可能需要時間。一連串的感受可能浮現，包括感覺自己不值得、不配和自私。如果你在實踐慈愛冥想時，感覺受到抵制及困難，請用正念來因應這些感受。換句話說，請以接納而不評判的方式觀察它們，對你看待自我的方式感到好奇。凱莉發現自我關注很困難，但最終能將慈愛集中在自己身上。對於難相處的人也是如此，難相處的人是指與我們發生衝突、引起恐懼或怒氣的人。通常最好從你覺得稍微難相處的人開始，而不是從傷害你最深的人開始。請選擇一個稍微難相處、你覺得可以在慈愛冥想練習與之合作的人，也許這個人有難相處的特質，但也擁有你看得出來並欣賞的特質。一步步接近愈來愈難相處的人很重要。請相信自己的智慧，並以對你有利的方式進行。

凱莉選擇了因其性傾向而非常刻薄的一名同事。

對難相處的人實踐慈愛可能具有挑戰性，而向難相處的人表達慈愛，絕不意味著允許或接受他們的行為。

此時，各種想法與感受會產生，可能包括悲傷、憤怒、悲痛或羞恥。請允許自己經歷產生的任何想法與感受，並以仁慈包容它們，不帶批判。如果這種感受讓人難以承受，請先回到對自己或好友實踐一段時間的慈愛冥想，等到覺得準備好了，再對難相處的人實踐。如果對難相處的人實踐慈愛冥想時，產生怒氣或其他難受的情緒，你也可以問自己：誰是受到這種怒氣折磨的人？

最終，目標是向所有眾生平等地傳達慈愛。然而，要打破我們對於「自我」與「他人」的意識且真正開放，必須先辨認並專注於這些差異的根源，慢慢消除我們創造的障礙。生活中的事件常常導致我們對某些團體抱持某些偏見。我們意識到其中一些偏見，而往往沒意識到關於人群的其他感受與觀點。對人群實踐慈愛，有助於意識到我們為了阻擋對別人的基本善意而設置的障礙。意識到這些感受有助於我們與其合作並敞開心扉。

針對人群實踐慈愛冥想時，你可以選擇一個具有兩種類別的團體（例如你認識的人與你不認識的人、社交焦慮症患者與沒有社交焦慮症的人），並使用你選擇的四個慈愛詞語與該團體合作。在實踐時，你將向此團體兩個類別的成員輪流傳達慈愛。

你可能會注意到其中一個類別的親和力正在增加，這是此次探索的重要環節。請看看你傾向在哪種情況下，將一些人排除在慈愛冥想之外，並且更專注於真正包容他們。如果其他人不那麼幸福，沒人會過得更好。請想一想，當你疲倦或有壓力時會如何表現……我們往往更易怒，而且不那麼友善，對吧？路上對你按喇叭的人，甚至是那些深深傷害你或其他人的人，想想看是什麼導致他們這麼做。也許他們剛失業，或者在成長過程經歷了痛苦的家庭生活，人們成為現在的樣子往往有原因，即使我們不知道那些原因。凱莉選擇的類別是二元性別及非二元性別。

最後，凱莉能在30分鐘內完成整個慈愛冥想。凱莉閉著眼睛、以一種放鬆的方式舒服坐著時，將慈愛詞語

引導向一位恩人（3分鐘）、一個中立者、一位摯愛的朋友、一個難相處的人、自己，以及整個團體。

在最後幾章裡，你學習到思考、行動和感受都緊密相連。你的思考方式與想法會影響感受。此外，根據你對某種情境的期望，你會選擇某種行為而不是另一種行為，或者選擇迴避某種社交情境，因為你預期會發生壞結果。最終，焦慮控制了你，你的生活變得愈來愈受限，危險似乎無所不在。

為了掙脫社交焦慮症的束縛，你必須正面挑戰它。我們在第四章學到的思考工具，可以讓你辨認並挑戰那些試圖讓你相信社交情境潛在危險的內在批評聲音。平息這些聲音並釋放自己的唯一方法，是創造一些情境，讓你能測試自己的預測，正如我們在第五章學到的那樣。人們真的會嘲笑我嗎？如果會，那有多糟糕？他們會生我的氣嗎？他們會做什麼？大家會注意到我的失誤嗎？除非你嘗試看看，否則永遠不知道答案。只要你選擇待在籠子裡，就永遠不會知道籠外的生活多麼美好。去吧，自己去看看吧，籠子的門沒上鎖，請打開它，並

走出去。你會意識到社交情境不危險，失誤與尷尬的情況經常發生，而且發生在所有人身上。事實上，社交事故讓生活變得更有意義，人們變得更討喜。然而，比起受到他人喜歡，更重要的是，你喜歡自己真實的樣貌，這是本章的重點。一旦達到這點，社交焦慮就不再對你造成影響。

接納自己真實的樣貌，減少挑剔自己，更善待自己，都不是容易的事。慈愛冥想對此有所助益，使用這種古老的佛教修行方法，可以幫助你增強對自己與他人的正面感受。這似乎是奇怪的做法，但如果你發現對別人與自己都過於挑剔，請試試看。披頭四樂團告訴我們「你需要的就是愛」，即使這不是我們需要的所有東西，它也一定不會傷害我們。

第七章

降低你的激發狀態

有時你的激發狀態在社交情境中可能很強烈，你可以使用特定工具，降低面對某些社交情境時經歷的激發狀態，尤其是社交表現場合，例如公開演講。你在本章學習的工具，將會教你如何減少面臨社交威脅時可能遇到的高激發狀態。這些工具針對社交焦慮症患者常見的低感知情緒控制特別有效（請參閱第二章的圖2：社交焦慮症的持續）。體驗激發狀態下降將增強你對情緒控制的看法，可能會讓你深刻理解：我對身體與焦慮的控制比自己想像的還要強。

「面對你的恐懼」是強大的原則，在各種情況下減少任何非理性的恐懼。這往往說來容易做來難，關鍵是開始行動，一步步朝著目標努力。常言道：「千里之行，始於足下。」（通常被認為出自中國哲學家老子。）為了使其易於管理，你可能必須將每個步驟拆解成更小的步驟。你想挑戰自己，但不想因為對自己期望過高而灰心喪志。長時間反覆暴露在引發恐懼的情境後，你的焦慮最終將透過習慣化的過程而降低，同時對威脅情境獲得更具適應性的看法。這是因為你意識到可怕的結果

不會發生，如果發生，你也可以因應。多數情況下，一個情境的許多不同層面會引起焦慮，在社交表現情境中，人們往往描述與焦慮相關的身體感覺容易引發進一步的焦慮。事實上，許多人將在社交表現情境遇到的大部分問題，歸因於他們在這些情境經歷的恐慌症狀。如果你是其中一員，這套工具特別有助於因應社交表現焦慮，無論是公開演講、在小組分享觀點，或者只是參加你覺得必須以某種方式表現的派對。

強烈的身體感覺（例如我們經歷恐慌時的感受）可能非常恐怖，尤其是它們發生在社交情境中。恐慌發作是強烈的生理激發，一些恐慌發作的人描述（而且可能也出現實際跡象），他們心跳加速或手掌出汗。他們可能還會經歷胸痛或呼吸急促、手臂與腿部麻痺或刺痛、頭暈目眩，這些身體症狀讓人恐懼，儘管它們只是恐懼與焦慮的極端形式，不會對身體造成實際傷害。當人們面對引起恐懼的情境，包括社交表現任務，通常會經歷這種症狀。沒有社交焦慮但害怕其他情境或物體（例如飛行或動物）的人，也可能經歷這些症狀。如果這些症

狀似乎是突然出現，沒有明顯的原因，可能是恐慌症的徵兆。當然，有些人可能同時患有恐慌症、社交焦慮症，以及其他問題。

無論你的恐慌發作或強烈生理激發有何性質，你在第四章學到針對機率高估、災難化思維，以及其他思維錯誤的思考工具都可以幫助你認識到，這些發作不會造成任何實際的身體傷害，也不會造成任何不可逆轉的長期後果。具體來說，你可能擔心其他人注意到你的恐慌症狀，因而做出負面評價。然而，請記住，人們注意到的可能性相當低（針對機率高估），即使注意到了，大多數人也不會太在意（針對災難化思維）。儘管如此，這種感覺可能相當強烈，而且會吸引你的注意，增強你的自我關注，並將你的注意力從手邊的任務轉移。

讓我們回到第一堂駕駛課，體驗它引發的焦慮。首先，請轉動鑰匙啟動引擎，同時腳踩著煞車，保持警覺並檢查後照鏡，接著腳離開煞車，輕輕踩下油門。太用力了，輕一點！一開始，需要你投入大量的注意力，但現在你已經成為專業駕駛，可以一邊聽廣播，一邊與副

駕駛座的配偶聊天，同時從後照鏡觀察你的孩子們，試圖阻止他們打架。你沿著四線道公路飛馳時，會掃視道路看看有沒有公路巡邏隊員。差異真大啊！簡單的「過度學習」行為（即反覆做同一件事）形成習慣，並將一系列新的行為轉變為自動化的行動，藉此騰出注意力。這種習慣形成的明顯結果，是對開車的恐懼幾乎消失了。社交表現任務也是如此，你做的次數愈多，它就變得愈容易，愈讓人習慣，你經歷的焦慮就會愈少。如果你因為焦慮干擾了令人滿意的任務表現，而好幾次都未能通過駕照考試，那麼你可能該聽聽朋友的建議，放鬆並冷靜下來。同樣地，這也適用於社交表現任務，如果你的焦慮太強烈而無法處理任務，那麼，請試著練習一些簡單的放鬆技巧來減輕壓力。

本質上，有兩種主要策略來因應強烈的生理（即身體）激發狀態，例如恐慌症狀。面對引起恐慌的情境前，你可能會讓自己反覆暴露於這些感覺中，藉此習慣它們，當你處於社交情境時，它們就不太可能干擾你，我們將這種技巧稱為內感受習慣化練習。或者，你可以

使用降低激發狀態的技巧，例如放鬆練習。我們將從第一個策略開始。

內感受習慣化練習

這些練習的目的是讓你在進入可怕的社交情境前，反覆面對讓人不愉快的激發感受，請讓我闡明這一點。請放下本書，站起來，並以嘴巴呼吸，快速地用力深呼吸（約每秒呼吸一次）。大約做個1分鐘，現在你感覺如何？人們通常會感到頭暈眼花，口乾舌燥，心跳加速，甚至手掌出汗，聽起來是不是很熟悉？嗯，這些都是我們經歷強烈的恐懼或恐慌時，會有的一些相同身體體驗。因此，你可能也會感到不自在，甚至焦慮，這是因為該練習觸發了強烈恐懼狀態下啟動的生理系統。由於是透過用力呼吸而引起症狀，所以你的恐懼反應可能不像執行社交表現任務時那樣強烈。

當你閱讀這些文字時，症狀可能已經消失。因為社交恐懼經歷的生理感覺也是如此，最終你的身體感覺會減弱，並失去在社交表現情境中觸發或加深焦慮的能

力。起初，你的焦慮可能需要一段時間才能緩解，這取決於具體情況、你的經歷，以及許多其他因素，但我保證，最終你的焦慮將減輕。

呼吸尤其是關鍵。我們的短暫練習表明呼吸對焦慮有直接影響：呼吸過度會導致焦慮，焦慮時放慢呼吸可以讓你平靜下來。當然，光靠呼吸無法治癒你的焦慮，但那有助益。原因之一是呼吸與自律神經系統的特定分支「副交感神經系統」，以及其主要神經「迷走神經」直接相連。啟動迷走神經對健康有諸多好處，包括降低血壓與心率、減少憂鬱與焦慮。我們知道緩慢的呼吸會啟動迷走神經，有焦慮問題的人往往有著不靈活或不活躍的迷走神經，因此，呼吸方式對身體（尤其是心臟）及焦慮感造成重大影響。

你可能感到驚訝的是，呼吸對於解決焦慮至關重要，因為我們很少注意到呼吸，而這是我們能輕易控制的事。正常的呼吸頻率約為每分鐘十至十五次，當我們呼吸時，從空氣中吸入氧氣並呼出二氧化碳（新陳代謝將氧氣與糖轉化為二氧化碳及能量）。當我們進行劇烈

的身體活動（例如有氧運動），會呼吸得更快更深，因為隨著新陳代謝增加，身體需要更多氧氣。與許多其他身體功能不同，呼吸受到我們的自主控制。如果沒有劇烈身體活動的情況下，呼吸得更快更深，就會讓更多氧氣進入血液，並降低二氧化碳含量，使其超出身體的需求，這也稱為「過度換氣」。如果多餘的氧氣沒有按照輸入的速度消耗掉，我們就會經歷一些典型變化，包括頭昏眼花、口乾舌燥、手臂與雙手刺痛和臉紅。

　　如果你在現實的社交表現情境（例如公開演講）經歷相同的症狀，會發生什麼事？請想像你上臺準備演講前主動選擇過度換氣，試想一下你之前在過度換氣練習中出現的相同症狀。如你所知，這些症狀本身就讓人非常不舒服，所以想像你暴露於社會威脅時（例如站在臺上），會有多麼不舒服。一些人可能將其解釋為極端焦慮與恐慌，尤其是受到這些身體感覺困擾的人。事實上，呼吸太快、太深會引起身體感覺，可能進一步加深你在社交情境中的焦慮。你不必擔心換氣過度時會昏倒，你可能感到頭很暈，好像快要昏倒，但過度換氣幾

乎不可能導致昏倒。因此，你可以嘗試數次過度換氣來體驗不舒服的感覺，把它當成內感受習慣化練習。你可以將此與想像自己面臨威脅的暴露情境結合。

除了過度換氣之外，還有許多其他的身體感覺，當與想像的暴露練習結合時，某些人會感到恐懼。以下列出一些簡單的1分鐘練習，這些練習會引起不同的身體感覺：

練習	症狀／體驗
過度換氣	呼吸急促、頭暈
搖頭	頭暈
原地跑步	心跳加速
屏住呼吸	胸悶
身體繃緊	顫抖
旋轉	頭暈
看著鏡子	不真實感

正如我們的預期，過度換氣引起最強烈的感覺。但其他練習可能也很有用，因為它們會引起不同的感覺，

對你來說，這些感覺可能比過度換氣時的強烈感覺更容易引起焦慮。

如果你有嚴重的健康狀況（例如心臟病或癲癇），限制了你可以安全進行的身體活動，請在做這些練習前諮詢醫生。如果你能定期去健身房或依然可以跑步，或許不必擔心這些練習，但穩妥總比後悔好。

人各有不同，正如我們先前討論過的，有些人比其他人更關注社交表現情境的身體感覺，而有些身體感覺對某些人來說很痛苦，對其他人則不然。因此，你的成功主要取決於創造力及調整技巧的能力，使其符合你的個人需求。你可能想知道這與社交焦慮有何關係，嗯，這些練習都不是專門針對社交焦慮。相反地，這些練習引發了一些有社交焦慮的人極度不喜歡的症狀，通常是因為當他們在社交情境中感到恐慌時，就會出現這些症狀。當你做這些練習並產生一些不愉快的感覺，就類似在社交情境中產生的感覺，你應該專注於這些感覺。

表6顯示喬瑟夫想像自己處在產生焦慮的社交表現情境（即想像暴露）時，進行這些練習的經驗，正如你

所見，他做每項練習時，為症狀及焦慮的強度評分。

表6｜喬瑟夫的引發恐懼練習

練習	症狀／體驗	症狀強度（0-8）	焦慮強度（0-8）
過度換氣	呼吸急促、頭暈	6	6
搖頭	頭暈	3	2
原地跑步	心跳加速	5	4
屏住呼吸	胸悶	1	0
身體繃緊	顫抖	6	4
旋轉	頭暈	4	2
看著鏡子	不真實感	1	0

對喬瑟夫來說，過度換氣、身體繃緊和原地跑步結合想像的暴露腳本，會產生最強烈的焦慮。他必須反覆做這些練習，讓自己對焦慮的身體表徵變得不敏感，並減少對這些症狀的恐懼。喬瑟夫從身體繃緊開始，每天連續做這項練習五次，直到焦慮更快降低到輕度水準（2）。接著，他一邊做相同的練習，一邊想像一種具有威脅的社交表現情境，這樣做了數次，直到焦慮降低到

輕度水準。然後，他原地跑步，接著練習過度換氣，同時想像社交表現情境。他最後才針對過度換氣，因為最初它造成最強烈的焦慮。在每一種情況下，只經過數天的反覆練習，他的焦慮感就下降了。只有當他一邊想像可怕場景，一邊過度換氣時引起的焦慮，才需要更長的時間來降低。表7顯示他連續三天的過度換氣練習，正如你所見，每次他這樣做時，過度換氣都會引發強烈的身體症狀。（除非你在下一次試驗修改任務，否則可以預期會引發相同強度的身體感覺。）然而，他對這些感覺的情緒反應（即焦慮強度），從這一次試驗到下一次試驗逐漸減弱。

表7｜喬瑟夫反覆暴露於可怕感覺的練習試驗

日期／時間	練習	練習試驗	症狀強度(0-8)	焦慮強度(0-8)
8/26/22 6 p.m.	過度換氣	1	6	5
		2	6	5
		3	7	4
		4	6	3
		5	7	3

日期／時間	練習	練習試驗	症狀強度(0-8)	焦慮強度(0-8)
8/27/22 5 p.m.		1	5	4
		2	5	3
		3	5	3
		4	5	2
8/28/22 6 p.m.		1	6	3
		2	6	2
		3	6	2

　　從這點來看，喬瑟夫可能希望在想像具有威脅的社交情境的同時做這些練習，他可能會選擇從輕微威脅的情境開始（例如結識新朋友），然後再轉向更具威脅性的情境，例如公開演講。這些身體症狀漸漸地不再影響他，並且鮮少或根本不會造成焦慮。然後，他面對真實的社交情境時也能比較不恐懼，他的注意力不會從情境轉移到感覺與焦慮上。再說一次，這不適合所有人，但或許適合你，所以試試看吧。（你可以在http://www.newharbinger.com/51208找到表6與表7的空白範本。）

放鬆練習

　　根據到目前為止所介紹的內容，將放鬆練習納入對抗社交表現焦慮的技巧看似奇怪，放鬆技巧不也是迴避面對恐懼的策略嗎？這些技巧不會引導我們陷入難以打破的迴避循環嗎？目標難道不是接納焦慮，而是抑制或人為降低焦慮嗎？答案是「是，不過有但書」。有一些例外，在某些情況下，預期焦慮可能非常強烈且難以抑制，導致你覺得自己不可能面對實際情境。如果你知道哪些感覺讓你在社交情境中非常不自在，請實踐我們討論的練習，讓自己變得不敏感。然而，如果你盡了最大的努力，這些感覺仍然影響你，讓你難以承受、深陷其中，那麼你可以採取一些措施。其中一種簡單、有用且受到認可的有效放鬆技巧是漸進式肌肉放鬆法（PMR），發展於1960年代。這項練習需要繃緊每個主要肌肉群的肌肉，接著釋放並放鬆，這個雙步驟過程將能讓你達到最深層的肌肉放鬆。首先，你短暫繃緊肌肉，接著稍微延長該肌肉群的放鬆時間。漸進式肌肉放鬆法的整體目標是學習如何立即放鬆全身，我會先為你

說明每個步驟。

在我們深入研究漸進式肌肉放鬆法之前，重要的是分辨兩種類型的施加張力。第一種類型稱為主動張力（active tensing），當你有目的地嘗試在不傷害自己的情況下，盡可能拉緊特定肌肉群，該類型的張力就會發生。漸進式肌肉放鬆法往往從個別肌肉群的主動張力開始。練習之後，你可以將其同時用於多個肌肉群，最後用於全身。一般來說，主動張力是練習漸進式肌肉放鬆法時，使用的標準張力類型。第二種張力稱為被動張力（passive tensing），與主動張力不同的是，被動張力僅涉及注意特定肌肉群已存在的任何張力。換句話說，你不是故意試圖施加張力。雖然主動張力往往是優先選項，因為它通常讓人更放鬆，但你在某些情況下可能必須考慮被動張力。特別是，被動張力通常建議用於受傷或疼痛的肌肉或身體部位，重要的是不要對任何身體部位造成進一步傷害，這讓被動張力成為值得實踐的選擇。透過被動張力，你會注意到肌肉區域的緊繃，接著更專注於放鬆階段。

你必須在這項練習使用提示詞，它是引發深層放鬆概念的口頭用語或口號（例如「放鬆」），這可能包括沉悶、睏倦或平靜等概念。放鬆階段總是比緊繃階段來得長，一般來說，你必須在較短的時間內繃緊肌肉，然後花較長的時間讓自己進入深度放鬆的狀態。不要屈服於誘惑，為了轉向下一個肌肉群，而快速跳過放鬆階段！別小看自己從漸進式肌肉放鬆法獲得最大好處的能力，進行這項練習時保持耐心很重要，如果你太快從一個肌肉群換到下一個肌肉群，最終可能覺得壓力更大！所以請慢慢來，讓自己能體驗深層放鬆，不必著急。

我將在這裡描述十二個肌肉群的漸進式肌肉放鬆法（也可以從本書網站http://www.newharbinger.com/51208下載這項練習）。概念是先在平靜、無壓力的情境下反覆練習，一旦你學會並感到自在，就可以減少至八個肌肉群（透過組合一些肌肉群），接著是四個，然後是兩個。最終目標是當你面臨充滿壓力的情況，只需採取一個步驟就能非常快速地放鬆，以降低激發狀態。為了實

踐漸進式肌肉放鬆法，請選擇有舒適的椅子或床鋪的安靜空間，調整位置時請坐直，並確保前方有足夠的空間伸展手臂與腿部。一開始，你應該選擇不會分散注意力的地方，確認穿著寬鬆的衣服，並摘下眼鏡或隱形眼鏡。這項練習大約需要20至30分鐘，因此請確保你能在一天中空出時間。

　　提出你的提示詞，並在練習時對自己說。出於這項練習的目的，我將使用「放鬆」一詞，但你可以使用任何想要的提示詞。請記住，不要對受傷的任何肌肉群或身體部位使用主動張力。斟酌一下，跳過受傷的肌肉或者改對該肌肉使用被動張力。步驟如下。

1. 閉上眼睛，放鬆。安靜地坐著，用腹部深呼吸數次。
2. 握拳，將手腕向上拉，使其幾乎碰到肩膀，讓前臂產生緊繃感。
   a. 專注於這種緊繃感（10秒）。
   b. 現在釋放前臂與雙手的緊繃感，讓手臂放鬆，手掌向下。放鬆肌肉，將注意力集中在放鬆的感覺

（50秒）。

c. 繼續深呼吸，每次呼氣時想著「放鬆」這個詞。

3. 身體向前傾，手臂向後拉並貼近身體兩側，嘗試在背後讓手肘相碰，使上臂產生緊繃感。

a. 專注於緊繃感（10秒）。

b. 現在放下手臂並放鬆（50秒），讓所有的緊繃感消失。感受緊繃與放鬆之間的差異。

c. 安靜坐著時，說出「放鬆」一詞。

4. 腳掌向上彎曲，使腳趾朝著上半身，嘗試讓腳趾往膝蓋方向伸展，讓小腿產生緊繃感。

a. 感受雙腳、腳踝、脛部、小腿肚的緊繃，專注於緊繃感（10秒）。

b. 現在釋放緊繃感，感受緊繃與放鬆之間的差異（50秒）。

c. 安靜坐著，每次腹部呼氣時都想著「放鬆」一詞。

5. 膝蓋併攏，將雙腿抬離椅子，讓大腿產生緊繃感。

a. 專注於大腿的緊繃感（10秒）。

b. 現在釋放腿部的緊繃感，感受緊繃與放鬆之間的

差異，專注於放鬆的感覺（50秒）。

c.繼續安靜坐著並深呼吸，想著「放鬆」一詞。

6. 將腹部緊緊地拉向脊椎，讓腹部產生緊繃感。

    a. 感受緊繃，專注於身體的那個部位（10秒）。

    b. 現在放鬆腹部，並朝外舒展，感受放鬆的舒適感
    （50秒）。

    c. 安靜坐著，每次呼氣時想著「放鬆」一詞。

7. 深呼吸並屏住呼吸，讓胸部產生緊繃感。

    a. 感受胸部與背部的緊繃感，屏住呼吸（10秒）。

    b. 現在放鬆，慢慢地呼氣（50秒），感受緊繃與放
    鬆之間的差異。

    c. 安靜坐著，繼續深呼吸，並想著「放鬆」一詞。

8. 將肩膀往耳朵方向聳起，讓肩膀產生緊繃感。

    a. 專注於肩膀與頸部的緊繃感（10秒）。

    b. 現在放下你的肩膀，讓肩膀垂下並放鬆，專注於
    放鬆的感覺（50秒）。

    c. 安靜坐著，想著「放鬆」一詞。

9. 下巴往下，試著讓頸部靠著身後的椅子或牆壁，讓

頸部周圍產生緊繃感。

a. 專注於頸部後面的緊繃感（10秒）。

b. 現在釋放緊繃感，專注於放鬆（50秒），感受緊繃與放鬆之間的差異。

c. 安靜坐著，每次深吐氣時想著「放鬆」一詞。

10. 咬緊牙關，嘴角向後推，讓嘴巴與下巴周圍產生緊繃感。

a. 感受口腔與下巴的緊繃感（10秒）。

b. 現在釋放緊繃感，嘴巴張開，專注於緊繃與放鬆之間的差異（50秒）。

c. 安靜坐著，想著「放鬆」一詞。

11. 緊緊閉上眼睛（3秒），讓眼周產生緊繃感。

a. 感受眼周的緊繃感（10秒）。

b. 現在釋放眼部的緊繃感，感受緊繃與放鬆之間的差異（50秒）。

c. 安靜坐著，繼續用腹部深呼吸，並想著「放鬆」一詞。

12. 將眉毛拉向臉部中心方向並皺眉，讓下額頭產生緊

繃感。

a. 專注於額頭的緊繃感（10秒）。

b. 現在放鬆額頭，感受緊繃與放鬆之間的差異（50秒）。

c. 每次呼氣時想著「放鬆」一詞。

13. 往頭頂方向抬高眉毛，讓上額頭產生緊繃感。

a. 專注於額頭的拉扯感與緊繃感（10秒）。

b. 現在放鬆眉毛，專注於緊繃與放鬆之間的差異。

c. 安靜坐著時，想著「放鬆」一詞。

14. 你完全放鬆了，繼續安靜坐著，閉眼並用腹部深呼吸。從一數到五，讓自己感覺愈來愈放鬆。

a. 一，讓所有的緊繃感離開身體。

b. 二，覺得自己愈來愈放鬆。

c. 三，感覺愈來愈放鬆。

d. 四，感覺相當放鬆。

e. 五，感覺完全放鬆。

f. 處於這種放鬆狀態時，專注於你的所有肌肉都完全舒適且無壓力。

g. 以這種狀態坐著時，深呼吸，每次深吐氣時都想著「放鬆」一詞（2分鐘）。

15. 現在專心從五開始倒數，感覺自己變得更警覺。

a. 五，你感覺更警覺。

b. 四，你感覺自己走出放鬆狀態。

c. 三，你感覺更清醒了。

d. 二，睜開眼睛。

e. 一，坐起來，感覺自己完全清醒與警覺。

我本來可以討論幾種不同的放鬆技巧，自律訓練、腹式呼吸和觀想，都只是你當成替代方法的一些技巧。有些練習需要一些時間學習並耐心練習（例如自律訓練），漸進式肌肉放鬆法相對簡單，可以在充滿壓力的情況下迅速應用。另外，甚至可以透過降低整體壓力水準，來延長你的預期壽命數年，這是額外的好處。然而，請確保你不會將其當成迴避策略，只有當你感覺激發狀態太強烈，而無法以適應性方式處理時才使用它。將漸進式肌肉放鬆法或其他放鬆技巧視為安全閥，在溫

度過高時開啟，釋放一些蒸氣並稍微降低溫度。並非每個人都需要使用這些技巧，只有當你認為自己的激發狀態太強烈，並妨礙運用其他策略（例如前述的思考工具）時才使用它們。請嘗試一下，並堅持使用對你有效的工具。沒有技師可以靠著一把螺絲起子就維修汽車，而是需要一套工具。「均碼」可能適用於襪子，但不適用於處理社交焦慮症的工具。

第八章

改善你的

社交技巧

儘管許多社交焦慮症患者認為自己的社交技巧有缺陷，但他們絕大多數人都有足夠的社交技巧。然而，一小群社交焦慮症患者確實表現出明顯的社交技巧問題，這些問題通常很容易改正。有些人避免目光接觸、說話太小聲，或者表現出分心的刻板行為、填補詞或手勢。有些人甚至可能將自信果敢與侵略挑釁混為一談。如果你是其中一分子，提升社交技巧可能有助於改正這些明顯的干擾及問題。任何形式的社交表現都需要一些社交技巧，而焦慮會對社交技巧造成負面影響，可能導致更深的焦慮。本章的目標不是讓你成為技巧完美的社交表現者。相反地，這些工具是為了改善一些容易修正的社交技巧問題，而這些問題可能妨礙你的社交互動。

　　1990年代，已故的塞繆爾・透納（Samuel Turner）、他親近的共同研究者黛博拉・貝德爾（Deborah Beidel）及其同事，開發並測試治療社交焦慮的一種方法，稱為社會效能治療（social effectiveness therapy, Turner et al. 1994）。這種治療方法包括以暴露療法與認知行為療法為背景的社交技巧訓練，對於治療社交焦慮症非常有

效。然而，基於證據，這些改善似乎主要歸功於暴露技巧，而不是學習新的社交技巧。儘管擁有良好或足夠的社交技巧，但大多數有社交焦慮的人（也許包括你）認為自己的社交技巧非常差，因此在某些社交情境中感到信心不足和尷尬。事實上，社交焦慮與社交技巧根本沒有密切關係，我見過很多不焦慮的人，他們認為自己的社交技巧非常好，即使事實不是這樣。儘管如此，改正你可能遇到的一些非常具體且容易改變的社交技巧問題，例如迴避目光接觸或說話太小聲，可能是因應社交焦慮症時相當有用的工具。

情境敏感度與靈活度

也許最重要的社交技巧是根據特定情境和情況不斷變化的需求，而靈活調整行為的能力。因此，無論在哪種情境下，沒有任何技巧永遠正確。必須視情況而定，情境決定什麼合適及不合適。在大多數場合，大聲吵嚷不合適，但有時則是合適的，例如足球比賽期間，這就取決於具體情況。我們透過文化與社會化學習這些規

則，當體驗不同的文化或環境時，可以輕鬆地採用新規則或修改舊規則。然而，這意味著我們在這裡思考的每項技巧始終取決於情境，並且只是經驗法則。大多數時候，小聲說話並凝視別人的眼睛似乎不合適，但在安慰朋友度過悲痛和哀傷的時刻可能是合適的。

我們在史丹佛大學進行的一項實驗，出現一個對情境不敏感及缺乏靈活彈性的具體例子。在這項特別的研究中，我與學生徵求在人們面前演講時鮮少感到焦慮的人（這不是很常見）。其中一位參與者是非常友善的成功商人，他在這項實驗進行的前幾個月，從非英語系國家移居到美國。我是非英語母語人士，深深同情那些受英語所苦的人。但這位特殊的男士不僅是受英語所苦而已，我請他針對某個主題演講10分鐘時，我和同事們聽不懂他說的任何一個字。事實上，我們一開始以為他是用不同的語言演講。

然而，我們再度仔細聽他的演講錄音後，竟然聽懂了一些英文單字和片語。讓人驚訝的是，這位男士並未回報有任何痛苦，而且透過精密的心理生理儀器測量，

他也沒表現出焦慮的身體跡象。事實上，顯然他在實驗過程中很開心。

　　是什麼讓這個故事如此有趣？這位商人似乎對特定的情境完全不敏感，他不擔心自己的英語不足以完成任務與情境（即用英語演講）。此外，他似乎缺乏對自己語言問題的洞察力，也不了解別人（即試圖理解他所說內容的我們）的看法。換句話說，他缺乏情境敏感度，而且執行任務的方式並不靈活。

互動技巧

　　互動技巧可以是正式或非正式的。正式的互動技巧是你必須遵循的某些規則，例如將一個人介紹給另一個人認識（「嗨，彼得，我希望你認識一下保羅。」）或者邀請某人出去約會（「我可以約你吃晚餐嗎？」）。這些規則主要受到文化、環境和傳統等背景影響。我在德國長大，一開始我發現學習約定成俗的約會技巧規則深具挑戰性。我這一代的德國人幾乎沒有約會規則，初吻幾乎發生在任何時候，可能是在派對上第一次見面

時，或者當了數個月的朋友後。無論你是約某人共進午餐、晚餐或喝咖啡，那都不重要。然而，我搬到美國後，約會對我來說是不同的經驗。首先，「你想和我出去約會嗎？」這句話甚至沒有直接的德語翻譯。邀請某人去吃晚餐比吃午餐更重要，而邀請別人去吃午餐又比喝咖啡來得重要。那時我一無所知，當我學習並違反一些不成文的規定時，朋友會試圖溫和地引導我遠離社交事故。儘管如此，我仍陷入了一些約會陷阱（聽起來像是另一本書的好書名）。最終，我了解到出去吃晚餐不只是一起攝取熱量而已，共進晚餐的次數有其意義，約會後立即打電話給對方會惹人厭，第三頓晚餐往往比第二頓更私密，以及如果說了「我會打電話給你」卻沒打，通常意味著約會遊戲結束。如果你習慣美國文化，就會明白我說的意思，但如果你來自另一個文化，可能就不理解我提到的一些議題。

以下我將談談正面互動技巧的數個關鍵層面。

善良與同理心

我們大多數人都喜歡友善的人，並試圖與那些無禮之人保持距離。無禮之人仍然可能成功，這取決於你對「成功」的定義。我可以列舉許多無禮的成功政客及獨裁者，因為他們在財富、權力、統治方面實現了想要的目標。然而，如果你將「成功」定義為討人喜歡，那麼無禮之人就不會被列入最討喜的人的入圍名單。

列出無禮之人的特徵不難，例如自私、挑釁和侵犯別人的個人空間。更困難的是善良的概念，如果我們都明白善良是什麼，世界將變得更美好。善良與同理心、真誠和無條件的正向關懷有關，這些是卡爾·羅傑斯（Carl Rogers）以案主為中心的治療三大支柱，也是人本主義治療的基礎（Rogers 1951）。這已成為幾乎所有談話治療（talking therapy）的基本治療背景，而這三個支柱也是任何親密人際關係的基本特徵。

同理心是理解與體驗別人感受的能力，真誠意味著真實與誠摯，而無條件的正向關懷代表無論對方說或做什麼，都接納且支持對方。這三種特質為人際關係的苗

壯發展，創造不帶批判的安全環境。如果你對別人表現出同理心、真誠和無條件的正向關懷，任何人際互動都會很快得到改善。

幽默、互惠、目光接觸和手勢

如果別人讓我們感到愉快，大多數人往往會喜歡對方。無論有意或無意，幽默都是減輕壓力及改善互動品質的強大手段。在餐桌上打翻水杯可能讓人尷尬，但它也可能提供展現幽默的機會，尤其是自嘲式幽默，但取笑別人則要小心。當你嘲笑自己而不是別人，會被認為更討人喜歡。正如這些技巧一樣，往往存在著文化差異。值得注意的是，德語的「schadenfreude」意思是從別人的麻煩中獲得樂趣，似乎是德語獨有的單字。

社交互動是交流，不應該是單方面的。這也稱為社交互惠，意味著在所有條件相同的情況下，兩個人的發言時間相似，如果其中一方有個故事要講，那麼說故事者顯然會比聆聽者花更多的時間說話，但如果這個人有許多故事要說，就會變成單方面的關係，通常聆聽者比

說話者更不喜歡這種關係。相比之下，提出問題就代表感興趣，是對話的良好開始，也讓對話更深入細節並變得更具意義。然而，問太多問題，甚至提出看似無關的問題轟炸對方，可能讓人感到精疲力竭。保持沉默一段時間，是完全沒問題的。

我們在前面的章節，討論了目光接觸在社交互動中的重要性。匆匆一瞥可以表示贊同、吸引、分歧、憤怒或不贊同等。凝視愛人的眼睛與凝視對手的眼睛截然不同，我們透過凝視別人的眼睛來解讀對方的情緒。迴避目光接觸可能表示順從或厭惡，長時間強烈的目光接觸可能顯得具有威脅。因此，目光接觸非常依賴情境，持續時間和強度必須適合該情境。此外，你的手勢與身體姿勢應該和語言行為相符，例如你不應該在討論悲傷的事情時表現出快樂，反之亦然。理想情況下，手勢與身體姿勢應該強調你所說的內容，請避免刻板或分散注意力的行為，例如頭部有節奏的轉動、搖晃、抽搐或常常翹腳。

在適當時機表現出自信通常會受到讚賞，但要避免

極端的支配行為，例如盯著別人看、非常大聲地說話或打斷對方，這往往給人敵對與挑釁的印象，鮮少有適應性並取得成功。同樣地，避免表現出極端的順從，例如迴避某人的目光或過度道歉，這是常見的安全行為，不僅無效，而且對大多數人來說也很惱人。因此，如果你發現自己經常說「對不起」，請在道歉前先確定真的需要這麼做。

社交表現技巧

《精神疾病診斷與統計手冊》第五版納入社交焦慮症的新亞型，稱為「表現亞型」，這是為了表現社交焦慮症診斷的一些異質性。有些人害怕和／或迴避一系列不同的社交情境，而有些人主要害怕和／或迴避社交表現情境。最常見的社交表現情境是公開演講，所以我們將討論一些能在這方面提供協助的技巧。

無論是小提琴獨奏會、獨舞演出、演講，一場表演最重要的層面是品質。舉例來說，一場出色的演講能吸引聽眾的興趣、感動人心，以及刺激人們思考。每場演

講應該都有引言、中間部分、結尾，優秀的演講者可能會在引言說一些吸引聽眾注意力的事情（例如一個笑話、一句有力的陳述），並告訴聽眾演講的主題。當然，一位優秀的演講者會在演講中間涵蓋主題的重點，並提供支持想法的細節。最後，優秀的演講者會總結演講內容，並往往向聽眾徵求問題。

如果你要發表演講或報告，請熟悉環境，嘗試獲得關於聽眾的一些資訊，以便據此調整演講內容。有些聽眾抵達時，你也可以向他們打招呼，你可能會驚訝地發現這些人就像你和我一樣，或許這會讓你感到更自在。

如果你的演講最後有問答時間，你可能會面對困難、甚至帶著敵意的問題。如果提問者的觀點站得住腳，請用中性（而非敵對）語言重新表述，複述並摘選重點。如果提問者的問題不合理，你可以表示自己非常樂意在演講後與他們聊聊。如果你感到太憤怒或戒心太強而無法處理，可以直接忽略這個問題並請聽眾提出其他問題。請不要侮辱或抨擊提問者，其他觀眾通常不欣賞這種行為，無論那個問題多麼充滿敵意。如果因為某

個原因而必須回答（也許是因為提問者是你公司的副總經理），你可以說：「非常感謝，這個問題問得好，可惜的是，這個問題沒有簡單的答案⋯⋯。」

總之，大多數的社交焦慮症患者認為他們缺乏社交技巧。然而，你的社交技巧可能很好。但如果你確實缺乏社交技巧，你也可以輕鬆地改正它們。本章提供一些建議，如果你有充分的理由認為自己有社交技巧缺陷（例如好友曾向你提到某些問題），請試試看。別相信你能判斷自己的社交技巧，或許你就是自己最嚴厲的批判者，好友往往是更好的判斷者。

後記

　　我們談論了廣泛的資訊後，已經到達終點。我們在第一章討論社交焦慮的各個方面及其臨床表現（社交焦慮症）的本質，你在第二章了解社交焦慮成為持久問題的許多原因，我在第三章提出並討論全面的維持模型，以及暴露對於克服社交焦慮如此重要的原因。前面幾章討論的材料，是基於世界各地許多專家的科學研究文獻，這些研究回答了關於社交焦慮的大量問題。事實上，我們非常了解造成該普遍問題持續下去的原因，這讓研究人員能制定非常具體的干預策略，我在本書對此做了總結。

　　每個人都不同，莎拉、喬瑟夫、凱莉只是三個例子，說明社交焦慮在不同的人身上有不同的表達方式。社交焦慮不是單一的集合體，這意味著所謂「社交焦慮」、「社交焦慮症」或「社交恐懼症」並不是單一的「事物」。相反地，有多少人受社交焦慮所苦，就有多

少種社交焦慮的形式及表現方式，臨床表現（社交焦慮症，以前稱為社交恐懼症）也是如此。幸運的是，人們之間存在著一些顯著的共通性，相同的策略可以幫助許多問題略有不同的人。儘管如此，為了發揮最大效果，你必須根據自己的具體情況制定策略，希望本書能幫助你找到有效的方法。

我討論了許多可用來因應社交焦慮的技巧與工具，包括辨認思維錯誤的工具（第四章）、面對社交事故的工具（第五章）、接納自己的工具（第六章），其中一些工具可能讓大多數社交焦慮症患者受益，例如實踐社交事故暴露，以檢視可怕的後果。其他工具可能對某些人來說，比對另外一些人來得有效，例如降低激發狀態的工具（第七章），或者增強社交技巧的工具（第八章）。你可能意識到什麼工具對你會有最大助益。然而，如果你有疑問，請全部嘗試看看。如果你發現有些事情難以做到，那麼你的方向就正確了。你可以在http://www.newharbinger.com/51208找到測驗，來檢視你學到的內容。如果你的答案不對，請返回對應的章節並

重新閱讀。我們涵蓋了大量資訊，你不能要求自己立即記住所有內容。

　　為了有效使用這些工具，讓自己擺脫社交焦慮，你必須採取的心態是要敞開心扉，接受新的體驗，這將需要使自己暴露在某些不自在的情境。克服社交焦慮並不容易，如果有更簡單的方法，我會告訴你。我們有時必須忍受一些短期的情緒痛苦，才能獲得長期的平靜與幸福。我佩服你的勇氣，還記得美國前總統羅斯福在1933年面對第三帝國（納粹德國）的恐怖活動時發表的演說嗎？「你唯一需要害怕的就是恐懼本身。」克服恐懼的唯一方法，是使用本書描述的工具直接面對它。祝你在康復之路上，一切順利。

附錄　社交焦慮的藥物治療

　　我不是醫生，我是有博士學位的心理學家，因此，你應該諮詢醫生尋求醫囑。然而，如果沒有簡短提及治療社交焦慮症的精神藥物，本書就不完整。藥物可以減輕焦慮狀態，包括社交焦慮，但我認為它們不應該是你的首選療法。自1999年以來，製藥公司一直積極宣傳治療社交焦慮症的藥物，例如帕羅西汀，當時美國食品藥物管理局批准其用於治療社交恐懼症（現稱為社交焦慮症）。還有許多其他藥物可供選擇，我將在此簡要討論，因為作用不同，這些藥物形成不同的藥物類別。

　　迄今為止，最常用的社交焦慮藥物包括 β 受體阻斷劑、單胺氧化酶抑制劑、選擇性血清素回收抑制劑。醫生也開了其他藥物（例如三環抗憂鬱劑與其他抗憂鬱藥物），但臨床試驗顯示，這些藥物無法非常有效地減少社交焦慮。臨床試驗通常直接比較各種藥物的效果，並與安慰劑藥丸進行比較，安慰劑藥丸是糖片，不含有效

成分，但外觀和味道與真正的藥丸一樣。

　　心律錠或阿替洛爾等 β 受體阻斷劑可降低生理激發狀態，通常用於治療高血壓或心臟病。過去，許多醫生認為 β 受體阻斷劑也能透過阻斷對焦慮引起刺激的周邊自主神經反應，有效治療社交表現焦慮。因此，自1970年代以來，這些藥物被廣泛用於治療表現焦慮。儘管早期人們對使用 β 受體阻斷劑治療社交焦慮抱持熱情，但其功效並未獲得後來的臨床研究支持。這些藥物有利於減輕恐懼的生理與行為要素（例如心跳加速與顫抖），但對焦慮經驗幾乎沒有影響。

　　許多研究表明，苯乙肼（一種單胺氧化酶抑制劑）治療社交焦慮比 β 受體阻斷劑阿替洛爾及安慰劑更有效。一項研究比較了苯乙肼、認知行為療法及其組合的效果（Blanco et al. 2010）。就層次測量與反應率（緩解率）而言，結合苯乙肼與認知行為療法的治療優於單獨治療及安慰劑。研究報告指出，進行認知行為療法後的反應率為47.1％，服用苯乙肼後的反應率為54.3％，而合併治療後的反應率為71.9％。這是少數顯示合併治療

比單一治療效果更好的研究之一。然而，應該指出的是，本研究使用的認知行為療法是基於早期更傳統的認知行為療法版本，該版本不包括此處描述的許多策略，包括社交事故暴露。儘管如此，這些結果表明苯乙肼可以成為一些患者的有效療法。遺憾的是，服用苯乙肼的人必須密切注意飲食，因為服用這種藥物時吃某些食物（例如陳年起司），可能導致嚴重的身體問題（例如高血壓危象）。

使用單胺氧化酶抑制劑治療社交焦慮的研究取得前景看好的結果，刺激了其他耐受性更好的抗憂鬱藥物作為社交焦慮潛在療法的研究。自1999年，美國食品藥物管理局批准帕羅西汀用於治療社交恐懼症以來，許多研究都檢視了這類藥物的功效，最近的一項藥物治療統合分析，推薦帕羅西汀作為社交焦慮症的首選療法（Williams et al. 2020），因為除了帕羅西汀，藥物與安慰劑之間的差異很小。比起苯乙肼，服用帕羅西汀的患者不必遵守嚴格的飲食規定，但它可能導致某些人的性功能障礙。

你需要藥物治療社交焦慮症嗎？如果不了解你的個人經歷，很難說得準。如果你練習本書概述的技巧，並繼續練習這些策略，可能無需藥物就能克服社交焦慮。此外，服用藥物來快速解決社交焦慮有其代價，通常會出現讓人不快的副作用、戒斷症狀和飲食限制，有時甚至因為長期使用而產生依賴。但在某些情況下，藥物治療可能是有用的干預措施，特別是有其他問題干擾治療時，例如憂鬱症及其他精神障礙。然而，只要本書概述的策略有效，大多數人並不認為藥物治療有幫助或必要。

最後，我應該指出，我與同事們研究了名為D-環絲胺酸（一種抗生素）的特殊藥物，它似乎能加快社交焦慮症的認知行為療法中暴露程序的治療效益（如Hofmann et al. 2013）。在這項研究中，在十二次認知行為療法組別治療的五次暴露療程前1小時，我們隨機分配一百六十九名社交焦慮症患者服用該藥物的極小劑量（50毫克）或安慰劑。這種治療方法包括本書討論的許多相同策略，結果顯示，認知行為療法加上D-環絲胺

酸、認知行為療法加上安慰劑，在治療後的評估具有相似的完成率（87％與82％）及反應率（79.3％與73.3％），並且在追蹤評估中大多維持不變。D-環絲胺酸對焦慮無效（它不是抗焦慮藥物），其療效僅在與認知行為療法結合使用時出現。由於認知行為療法在這兩種情況下的反應率為70至80％，因此藥物對於緩解沒有額外的益處。然而，在治療階段，比起安慰劑，它與改善症狀嚴重程度的速度加快了24至33％有關。這可能為藥物治療開闢新道路，進一步增強我們已知的有效方法（即認知行為療法）。

參考資料

Alden, L. E., K. W. Auyeung, and L. Plasencia. 2014. "Social Anxiety and the Self." In *Social Anxiety: Clinical, Developmental, and Social Perspectives* (3rd edition), edited by S. G. Hofmann and P. M. DiBartolo, 513–549. Amsterdam Elsevier/Academic Press. ISBN-13: 978-0123944276.

American Psychiatric Association. 1980. *Diagnostic and Statistical Manual of Mental Disorders* (3rd edition). Washington, D.C.: APA.

American Psychiatric Association. 2013. *Diagnostic and Statistical Manual of Mental Disorders* (5th edition). Washington, D.C.: APA.

Bandura, A. 1988. "Self-Efficacy Conception of Anxiety." *Anxiety Research* 1: 77–98.

Barlow, D. H. 2001. *Anxiety and Its Disorders* (2nd edition). New York: Guilford Press.

Beck, A. T. 1976. *Cognitive Therapy and the Emotional Disorders*. New York: International Universities Press.

Beck, A. T., and G. Emery. 1985. *Anxiety Disorders and Phobias: A Cognitive Perspective*. New York: Basic Books.

Blanco, C., L. Bragdon, F. R. Schneier, and M. R. Liebowitz. 2014.

"Psychopharmacology for Social Anxiety Disorder." In *Social Anxiety: Clinical, Developmental, and Social Perspectives* (3rd edition), edited by S. G. Hofmann and P. M. DiBartolo, 625–158. Amsterdam Elsevier/ Academic Press. ISBN-13: 978-0123944276.

Blanco, C., R. G. Heimberg, F. R. Schneier, D. M. Fresco, H. Chen, C. L. Turk, et al. 2010. "A Placebo-Controlled Trial of Phenelzine, Cognitive Behavioral Group Therapy, and Their Combination for Social Anxiety Disorder." *Archives of General Psychiatry* 67: 286–95.

Brockveld, K. C., S. J. Perini, and R. M. Rapee. 2014. "Social Anxiety and Social Anxiety Disorder Across Cultures." In *Social Anxiety: Clinical, Developmental, and Social Perspectives* (3rd edition), edited by S. G. Hofmann and P. M. DiBartolo, 141–158. Amsterdam Elsevier/ Academic Press. ISBN-13: 978-0123944276.

Burns, D. D. 2020. *Feeling Great.* Eau Claire, WI: PESI Publishing and Media.

Capriola-Hall, N. N., T. H. Ollendick, and S. W. White. 2021. "Attention Deployment to the Eye Region of Emotional Faces Among Adolescents with and Without Social Anxiety Disorder." *Cognitive Therapy and Research* 45: 456–467.

Clark, D. M., and A. Wells. 1995. "A Cognitive Model of Social Phobia." In *Social Phobia: Diagnosis, Assessment, and Treatment*, edited by R. G. Heimberg, M. R. Liebowitz, D. A. Hope, and F. R. Schneier,

69–93. New York: Guilford Press.

Dimberg, U., and A. Öhman. 1983. "The Effects of Directional Facial Cues on Electrodermal Conditioning to Facial Stimuli." *Psychophysiology* 20: 160–167.

Dimberg, U., M. Thunberg, and K. Elmehed. 2000. "Unconscious Facial Reactions to Emotional Facial Expressions." *Psychological Science* 11: 86–9.

Fang, A., A. T. Sawyer, A. Asnaani, and S. G. Hofmann. 2013. "Social Mishap Exposures for Social Anxiety Disorder: An Important Treatment Ingredient." *Cognitive and Behavioral Practice* 20: 213-220.

Foa, E. B., M. E. Franklin, K. J. Perry, and J. D. Herbert. 1996. "Cognitive Biases in Generalized Social Phobia." *Journal of Abnormal Psychology* 105: 433–439.

Foa, E. B., and M. J. Kozak. 1986. "Emotional Processing of Fear: Exposure to Corrective Information." *Psychological Bulletin* 99: 20–35.

Gilboa-Schechtman, E., I. Shachar, and L. Helpman. 2014. "Evolutionary Perspective on Anxiety." In *Social Anxiety: Clinical, Developmental, and Social Perspectives* (3rd edition), edited by S. G. Hofmann and P. M. DiBartolo, 599–622. Amsterdam Elsevier/ Academic Press. ISBN-13: 978-0123944276.

Heimberg, R. G., C. S. Dodge, D. A. Hope, C. R. Kennedy, L. J.

Zollo, and R. E. Becker. 1990. "Cognitive Behavioral Group Treatment for Social Phobia: Comparison with a Credible Placebo Control." *Cognitive Therapy and Research* 14: 1–23.

Henderson, L., P. Gilbert, and P. Zimbardo. 2014. "Shyness, Social Anxiety, and Social Phobia." In *Social Anxiety: Clinical, Developmental, and Social Perspectives* (3rd edition), edited by S. G. Hofmann and P. M. DiBartolo, 111–116. Amsterdam Elsevier/Academic Press. ISBN-13: 978-0123944276.

Hofmann, S. G. 2000. "Self-Focused Attention Before and After Treatment of Social Phobia."*Behaviour Research and Therapy* 38: 717–725.

Hofmann, S. G. 2004. "Cognitive Mediation of Treatment Change in Social Phobia." *Journal of Consulting and Clinical Psychology* 72: 392–399.

Hofmann, S. G. 2005. "Perception of Control over Anxiety Mediates the Relation Between Catastrophic Thinking and Social Anxiety in Social Phobia." *Behaviour Research and Therapy* 43: 885–895.

Hofmann, S. G. 2007. "Cognitive Factors That Maintain Social Anxiety Disorder: A Comprehensive Model and Its Treatment Implications." *Cognitive Behaviour Therapy* 36: 195–209.

Hofmann, S. G. 2014. "Interpersonal Emotion Regulation Model of

Mood and Anxiety Disorders." *Cognitive Therapy and Research* 38: 483–492.

Hofmann, S. G., A. Asnaani, and D. E. Hinton. 2010. "Cultural Aspects in Social Anxiety and Social Anxiety Disorder." *Depression and Anxiety* 27: 1117–1127.

Hofmann, S. G., A. Asnaani, J. J. Vonk, A. T. Sawyer, and A. Fang. 2012. "The Efficacy of Cognitive Behavioral Therapy: A Review of Meta-Analyses." *Cognitive Therapy and Research* 36: 427–440.

Hofmann, S. G., J. K. Carpenter, and J. Curtiss. 2016. "Interpersonal Emotion Regulation Questionnaire (IERQ): Scale Development and Psychometric Characteristics." *Cognitive Therapy and Research* 40: 341–356.

Hofmann, S. G., and P. M. DiBartolo. 2000. "An Instrument to Assess Self-Statements During Public Speaking: Scale Development and Preliminary Psychometric Properties." *Behavior Therapy* 31: 499–515.

Hofmann, S. G., and S. N. Doan. 2018. *The Social Foundations of Emotion: Developmental, Cultural, and Clinical Dimensions.* Washington, D.C.: American Psychological Association. ISBN: 978-1-14338-2927-7.

Hofmann, S. G., A. Ehlers, and W. T. Roth. 1995. "Conditioning Theory: A Model for the Etiology of Public Speaking Anxiety?"

Behaviour Research and Therapy 33: 567–571.

Hofmann, S. G., and N. Heinrichs. 2003. "Differential Effect of Mirror Manipulation on Self-Perception in Social Phobia Subtypes." *Cognitive Therapy and Research* 27: 131–142.

Hofmann, S. G., D. A. Moscovitch, H.-J. Kim, and A. N. Taylor. 2004. "Changes in Self-Perception During Treatment of Social Phobia." *Journal of Consulting and Clinical Psychology* 72: 588–596.

Hofmann S. G., and M. W. Otto. 2008. *Cognitive-Behavior Therapy of Social Anxiety Disorder: Evidence-Based and Disorder Specific Treatment Techniques.* New York: Routledge.

Hofmann, S. G., J. A. J. Smits, D. Rosenfield, N. Simon, M. W. Otto, A. E. Meuret, et al. 2013. "D-cycloserine as an Augmentation Strategy of Cognitive Behavioral Therapy for Social Anxiety Disorder." *American Journal of Psychiatry* 170: 751–758.

Johnson, S. L., B. Swerdlow, J. A. Tharp, S. Chen, J. Tackett, and J. Zeitzer. 2021. "Social Dominance and Multiple Dimensions of Psychopathology: An Experimental Test of Reactivity to Leadership and Subordinate Roles." *PloS One* 16, no. 4 (April 28): e0250099.

Kagan, J. 2014a. "Temperamental Contributions to the Development of Psychological Profiles: I. Basic Issues." In *Social Anxiety: Clinical, Developmental, and Social Perspectives* (3rd edition), edited by S. G.

Hofmann and P. M. DiBartolo, 378–418. Amsterdam Elsevier/ Academic Press. ISBN-13: 978-0123944276.

Kagan, J. 2014b. "Temperamental Contributions to the Development of Psychological Profiles: II. Two Candidates." In *Social Anxiety: Clinical, Developmental, and Social Perspectives* (3rd edition), edited by S. G. Hofmann and P. M. DiBartolo, 419–443. Amsterdam Elsevier/ Academic Press. ISBN-13: 978-0123944276.

Kessler, R. C., K. A. McGonagle, S. Zhao, C. B. Nelson, M. Hughes, S. Eshleman, et al. 1994. "Lifetime and 12-Month Prevalence of DSM-III-R Psychiatric Disorders in the United States: Results from the National Comorbidity Survey." *Archives of General Psychiatry* 51: 8–19.

Marks, I. M. 1987. *Fears, Phobias, and Rituals: Panic, Anxiety, and Their Disorders.* New York: Oxford University Press.

Moscovitch, D. A. 2009. "What Is the Core Fear in Social Phobia? A New Model to Facilitate Individualized Case Conceptualization and Treatment." *Cognitive and Behavioral Practice* 16: 123–134.

Moscovitch, D. A., and S. G. Hofmann. 2006. "When Ambiguity Hurts: Social Standards Moderate Self-Appraisals in Generalized Social Phobia." *Behaviour Research and Therapy* 45: 1039–1052.

Öhman, A. 1986. "Face the Beast and Fear the Face: Animal and

Social Fears as Prototypes for Evolutionary Analyses of Emotion." *Psychophysiology* 23: 123–145.

Pan, J. 2019. Sorry I'm late, *I Didn't Want to Come*. New York: Doubleday.

Phan, K. L., and H. Klumpp. 2014. "Neuroendocrinology and Neuroimaging Studies of Social Anxiety Disorder." In *Social Anxiety: Clinical, Developmental, and Social Perspectives* (3rd edition), edited by S. G. Hofmann and P. M. DiBartolo, 333–376. Amsterdam Elsevier/ Academic Press. ISBN-13: 978-0123944276.

Rapee, R. M., and R. G. Heimberg. 1997. A Cognitive-Behavioral Model of Anxiety in Social Phobia. *Behaviour Research and Therapy* 35: 741–756.

Rogers, C. 1951. *Client-Centered Therapy: Its Current Practice, Implications and Theory*. London: Constable.

Schneier, F. R., L. R. Heckelman, R. Garfinkel, R. Campeas, B. Fallon, A. Gitow, et al. 1994. "Functional Impairment in Social Phobia." *Journal of Clinical Psychiatry* 55: 322–331.

Society of Clinical Psychology, Division 12, American Psychological Association. (n.d.). *Cognitive Behavioral Therapy for Social Anxiety Disorder*. https://div12.org/treatment/cognitive-behavioral-therapy-for-social-anxiety-disorder.

Solomon, R. L., and L. C. Wynne. 1953. "Traumatic Avoidance Learning: Acquisition in Normal Dogs." *Psychological Monographs: General and Applied* 67: 1–19.

Stangier, U., T. Heidenreich, M. Peitz, W. Lauterbach, and D. M. Clark. 2003. Cognitive Therapy for Social Phobia: Individual versus Group Treatment. *Behaviour Research and Therapy* 41: 991–1007.

Stein, M.B., L. J. Torgrud, and J. R. Walker. 2000. "Social Phobia Symptoms, Subtypes, and Severity: Findings from a Community Survey." *Archives of General Psychiatry* 57: 1046–1052.

Stein, M. B., J. R. Walker, and D. R. Forde. 1996. "Public Speaking Fears in a Community Sample. Prevalence, Impact on Functioning, and Diagnostic Classification." *Archives of General Psychiatry* 53: 169–174.

Trower, P. and P. Gilbert. 1989. "New Theoretical Conceptions of Social Anxiety and Social Phobia." *Clinical Psychology Review* 9: 19–35.

Turner, S. M., D. C. Beidel, M. R. Cooley, S. R. Woody, and S. C. Messer. 1994. "A Multicomponent Behavioral Treatment for Social Phobia: Social Effectiveness Therapy." *Behaviour Research and Therapy* 32: 381–390.

Williams, T., M. McCaul, G. Schwarzer, A. Cipriani, D. J. Stein, and

J. Ipser. 2020. "Pharmacological Treatments for Social Anxiety Disorder in Adults: A Systematic Review and Network Meta-analysis." *Acta Neuropsychiatry* 32: 169–176.

Wong, N., D. E. Sarver, and D. C. Beidel. 2012. "Quality of Life Impairments Among Adults with Social Phobia: The Impact of Subtype." *Journal of Anxiety Disorders* 26: 50–57.

World Health Organization. 2019. *International Statistical Classification of Diseases and Related Health Problems* (11th edition). https://icd.who.int.

國家圖書館出版品預行編目(CIP)資料

社交焦慮CBT療法 : 不迴避!找到專屬你的暴露式練習與實用技
巧/史蒂芬.霍夫曼(Stefan G. Hofmann)著 ; 廖綉玉譯. -- 初版. -- 新
北市 : 啟動文化出版 : 大雁出版基地發行, 2025.01
　　面 ;　公分
譯自 : CBT for social anxiety : simple skills for overcoming fear and
enjoying people.
ISBN 978-986-493-201-6(平裝)

1.認知治療法 2.人際關係 3.社交技巧

178.8　　　　　　　　　　　　　　　　　　113017872

社交焦慮CBT療法

不迴避！找到專屬你的暴露式練習與實用技巧

CBT for Social Anxiety: Simple Skills for Overcoming Fear and Enjoying People

作　　者	史蒂芬‧霍夫曼博士（Stefan G. Hofmann, PhD）
譯　　者	廖綉玉
封面設計	FE設計
內頁排版	菩薩蠻事業股份有限公司
業務發行	王綬晨、邱紹溢、劉文雅
行銷企劃	黃羿潔
資深主編	曾曉玲
總 編 輯	蘇拾平
發 行 人	蘇拾平
出　　版	啟動文化
	Email：onbooks@andbooks.com.tw
發　　行	大雁出版基地
	新北市新店區北新路三段207-3號5樓
	電話：(02)8913-1005　傳真：(02)8913-1056
	Email：andbooks@andbooks.com.tw
	劃撥帳號：19983379
	戶名：大雁文化事業股份有限公司
初版一刷	2025年01月
定　　價	550元
I S B N	978-986-493-201-6
E I S B N	978-986-493-200-9 (EPUB)

CBT FOR SOCIAL ANXIETY: SIMPLE SKILLS FOR OVERCOMING FEAR AND
ENJOYING PEOPLE by STEFAN G. HOFMANN, PHD
Copyright: © 2023 by STEFAN G. HOFMANN
This edition arranged with NEW HARBINGER PUBLICATIONS
through BIG APPLE AGENCY, INC., LABUAN, MALAYSIA.
Traditional Chinese edition copyright:
2025 On Books, a division of And Publishing Ltd.